琼崖早期革命人物寻踪

海南省档案局（馆）编

中国海洋大学出版社

·青岛·

图书在版编目（CIP）数据

琼崖早期革命人物寻踪 / 海南省档案局（馆）编.

青岛：中国海洋大学出版社，2025.2. -- ISBN 978-7-5670-3991-9

Ⅰ. K820.866

中国国家版本馆CIP数据核字第2024R28U77号

QIONGYA ZAOQI GEMING RENWU XUNZONG
琼 崖 早 期 革 命 人 物 寻 踪

出版发行	中国海洋大学出版社
社　　址	青岛市香港东路23号
邮政编码	266071
出 版 人	刘文菁
网　　址	http://pub.ouc.edu.cn
电子信箱	1922305382@qq.com
订购电话	0532-82032573 （传真）
责任编辑	陈　琦　　　　电　话　0898-31563611
印　　制	海口景达鑫彩色印刷有限公司
版　　次	2025年2月第1版
印　　次	2025年2月第1次印刷
成品尺寸	125 mm × 190 mm
印　　张	7
字　　数	83千
印　　数	1—2300
定　　价	60.00元

如发现印装质量问题，请致电0898-66748506调换。

曹石泉烈士照片

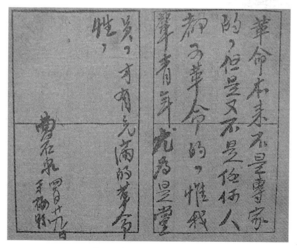

革命本来不是专家的，但是又不是任何人都可革命的，惟我辈青年究为是堂员，才有完满的革命性。

曹石泉　四月十九日手编撰

曹石泉为梅县青年题词

莫同荣烈士照片

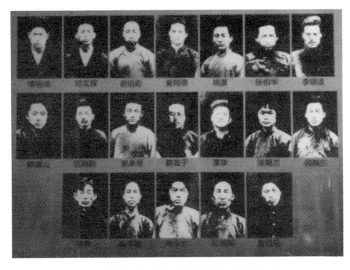

与李大钊同时遇难的国共两党人士

叶文龙烈士照片

毛泽东主办的武昌中央农民运动讲习所旧址

陈垂斌烈士照片

陵水县
苏维埃政府
旧址

游济烈士照片

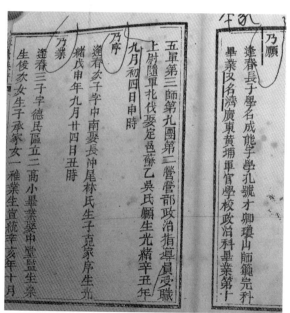

《游氏族谱》记载的游济

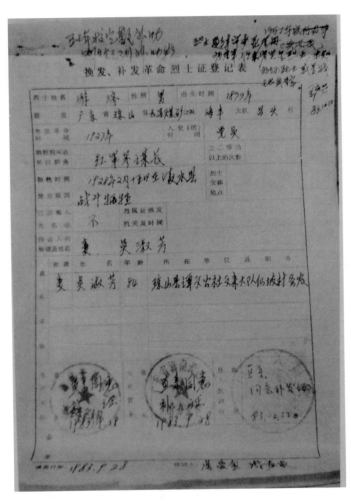

游济的烈士证换发登记表

符向一烈士画像

黄麻起义会议旧址（今湖北省红安县七里坪文昌宫）

王海萍烈士照片

闽西暴动会议旧址（今福建省龙岩市永定区金砂镇古木督村崇德楼）

郭钦光烈士照片

1919年5月4日下午，北京学生游行队伍向天安门进发

徐成章烈士照片

大元帅府铁甲车队装备的铁甲车

何鸣烈士画像

闽南红3团重建旧址（今福建省漳浦县清泉岩）

谢育才照片

闽西南党政军领导干部联席会议旧
址（今福建省龙岩市永定区赤寨村）

布鲁照片

陕甘宁边区政府保安处旧址

部分查阅书籍

王林兴简介

王林兴，男，琼海市嘉积镇积庆街人。海口市退休干部，中共党员。1954年1月出生。1971年嘉积中学高中毕业，上山下乡到琼海县白石岭林场。毕业于广州林校、华南师范大学政治教育系（函授）、北京大学政治与行政管理研究生班（函授）。先后在广东省林业勘测大队、广东省林业厅、中共海南省委组织部研究室工作。1990年，任中共定安县委常委、纪委书记。1993年后，历任海口市乡镇企业管理局副局长，海口市农林水利局副局长，海口市人大常委、农村工委主任、法制委员会委员。主要著作有：《海口乡镇企业发展研究》《在职读北大》《嘉积市丁》《嘉积乡愁》《嘉积人物》《陈武英革命生涯》《琼海人的南海故事》《王大鹏烈士史料研究》《岛外奋战的琼崖英雄》《琼崖乐四苏区史料研究》《符向一烈士史料研究》《嘉积市丁（下）》。

前　言

　　2021年7月6日，习近平总书记对档案工作作出了重要批示："值此中国第一历史档案馆新馆开馆之际，向你们表示热烈的祝贺！档案工作存史资政育人，是一项利国利民、惠及千秋万代的崇高事业。希望你们以此为新起点，加强党对档案工作的领导，贯彻实施好新修订的档案法，推动档案事业创新发展，特别是要把蕴含党的初心使命的红色档案保管好、利用好，把新时代党领导人民推进实现中华民族伟大复兴的奋斗历史记录好、留存好，更好地服务党和国家工作大局、服务人民群众！"这充分体现了习近平总书记对档案工作的高度重视和亲切关怀，是对档案工作者的极大鼓舞和鞭策，为新时代档案工作指明了前进方向和根本遵循。

如何把"红色档案保管好、利用好"，是深耕红色档案、传承红色基因、赓续红色血脉的时代命题，也是我们征集、学习、研究、弘扬琼崖红色文化的重大课题。为了利用好红色档案，我们组织编写了《琼崖早期革命人物寻踪》一书。

全书记述了12位琼崖早期革命人物，他们是在1927年以前参加革命、亲历重大历史事件、人物事迹颇有影响的海南人。其中，绝大部分人是在外省从事革命活动。为此，书中用档案史料记述了他们的革命生涯（按历史事件时序排列）：

五四运动中牺牲的郭钦光

我党最早的武装队队长徐成章

沙基惨案壮烈牺牲的曹石泉

与李大钊一起就义的莫同荣

曾任中共北江特委书记的叶文龙

曾任中共琼崖特委常委的陈垂斌

陵水县工农军干部学校校长游济

曾任中共湖北省委常委的符向一

曾任中共福建省委书记的王海萍

福建"漳浦事件"中的何鸣

曾任中共江西省委书记的谢育才

延安"红色福尔摩斯"布鲁

本书坚持实事求是的原则，依据档案馆馆藏的档案资料，客观真实地讲述他们的革命故事，旨在传承红色文化，赓续红色血脉，增强读者爱党爱国爱社会主义的情感，切实提高档案宣传的传播力和影响力。

在编写过程中，我们得到广东省档案馆、福建省档案馆、晋江市档案馆、湛江市档案馆、海口市琼山区档案馆、乐东黎族自治县档案馆等单位的帮助与支持，谨此表示感谢！

历史不可改变，更不能被遗忘。本书用档案记述革命历史故事，就是希望读者以史为鉴，不忘初心，牢记使命，奋发革命精神，把海南自贸港建设好。本书史料真实，内容丰富，事迹感人，是一本珍贵的红色文化历史资料，值得人们阅读和收藏。

海南省档案局（馆）

2024 年 7 月 23 日

目　录

福建"漳浦事件"中的何鸣

曾任中共江西省委书记的谢育才

延安"红色福尔摩斯"布鲁

五四运动中牺牲的郭钦光

郭钦光（1895—1919），文昌市翁田镇龙梅塘村人。1917年考上北京大学，1919年在五四运动中为国捐躯，是我国新民主主义革命时期牺牲的第一位烈士。习近平总书记《在纪念五四运动100周年大会上的讲话》指出："100年前，中国大地爆发了震惊中外的五四运动，这是中国近代史上具有划时代意义的一个重大事件。……五四运动时，面对国家和民族生死存亡，一批爱国青年挺身而出，全国民众奋起抗争，誓言'国土不可断送、人民不可低头'，奏响了浩气长存的爱国主义壮歌。"因此，回顾五四运动的光辉历史，悼念郭钦光烈士，弘扬"爱国、进步、民主、科学"的伟大五四精神，具有十分重大的意义。

五四爱国运动的爆发

五四运动的导火索是巴黎和会上中国外交的失败。1919年1月18日，第一次世界大战的27个战胜国的代表，在法国巴黎凡尔赛宫召开和平会议。中国作为战胜国之一，派出了陆徵祥、顾维钧等5位代表参加会议。巴黎和会不顾中国提出的维护国家领土主权的多项提案，背信弃义，把德国在山东的特权，全部转让给日本。

5月初，巴黎和会上中国外交失败的消息传到国内，激起各界人士的强烈义愤。5月4日下午2时，北京大学、北京高等师范、中国大学以及工业、农业、医学、政法等十几所专科以上的学校的3000余名学生，高喊"还我青岛""废除二十一条""外争主权，内除国贼"等口号，冲破反动军警的阻挠，从四面八方汇聚到天安门前，举行抗议集会。北京大学学生代表在会上宣读了宣言，其中提及："今与全国同胞立两个信条道：中国的土地可以征服而不可以断送！中国的人民可以杀戮而不可以低头！国亡了！同胞起来呀！"①随后，学生游行队伍移至签订"二十一条"的交通总长、卖国贼曹汝霖的家，火烧曹宅，引发了"火烧赵家楼"事件。反动军警当场逮捕32名爱国学生，激起了社会各界的义愤，一场震惊中外的反帝爱国运动在北京爆发了。

郭钦光以身殉国

当学生游行队伍冲破军警的阻挠，继续前进时，走在队伍前面，高举横幅的一名北京大学学生突然昏倒在地上，同学们赶紧把他背起送到医院抢救。这名学生叫郭钦光。

1895年7月，郭钦光出生于文昌县龙马乡龙梅塘村（今属文昌市翁田镇）贫苦农民家庭，有一兄一姐。17岁那年父亲病故；22岁时兄长因病去世。郭钦光6岁开始读书。

年少时的他敏而好学，喜欢阅读中国历史书籍，钦佩书里的民族英雄，痛恨卖国奸贼，从小具有强烈爱国之心。

1907年，郭钦光从当地的罗峰高等小学毕业，在家从事农耕几年后，他到广州考入广东初级师范学校。在校期间，他平时沉默寡言，但谈起国事却滔滔不绝。每当与人谈及近代中国政府的衰败和帝国主义列强的入侵时，他悲愤不已，摩拳擦掌地痛骂不止。特别是1915年5月7日，袁世凯为了取得日本对他称帝野心的支持，与日本政府签订了丧权辱国的"二十一条"，激起举国上下的强烈愤慨。郭钦光更是疾恶如仇，义愤填膺。各校学生不顾当局的压制，云集广州东园召开"国耻大会"，声讨袁世凯的卖国罪行。郭钦光主动登台，发表了慷慨激昂的演讲，揭露日本的侵略行径，号召国人一起行动，同仇敌忾，反对卖国贼。他全然不惧台下武装的军警，对他们怒目而视。郭钦光越说越激动，由于激愤过度，当场呕血，在场听者无不为之动容。自此之后，他持续进行爱国宣传，经常对同学说："国危而俗偷，不如早死。"立下了以死报国之志。1916年，郭钦光从广东初级师范学校毕业，返乡当小学教员。1917年，在乡亲们的帮助下，远赴京城求学，入读北京大学文科预科。

1919年5月初，中国在巴黎和会上外交失败的消息传回国内，立即在知识分子和青年学生中激起强烈的愤慨。5月4日，北京大学等学校3000余名学生举行声势浩大的集会和游行。郭钦光当时身患肺病，不顾同学们的劝止，执意要参加集会游行。他抱着"以死作气，以命醒民"的决心，同其他爱国学生一起上街游行示威。在冲向赵家楼搜寻卖国贼时，遭到曹汝霖卫兵的暴力殴打，郭钦光目睹军警镇压、逮捕手无寸铁的爱国学生，心中激愤难平，加上遭受殴打，过度劳累，当场呕血不止，昏倒在地，被送往医院抢救。因他爱国心切，悲愤交加，病情愈发严重。弥留之际，郭钦光长叹道："国家濒危，政府犹以狮子搏兔之力，以压一线垂尽之民气；日政府待我留学诸君之事，不图乃见于生斯长斯之祖国，事可知矣。"5月7日，郭钦光溘然逝世，年仅24岁。

举国上下悼英烈

当郭钦光逝世的消息传出后，激起了全国学生的义愤，也极大地感染了工商界，全国各地纷纷举行追悼大会，随后罢课、罢工、罢市，支持北京学生的爱国行动，把爱国学生运动推向了新的高潮。5月12日，天津市中等以上学校的学生1000多人，在河北公园举行追悼大会。5月18日，北京各校5000多人，在北京大学法科礼堂召开郭钦光追悼大会。郭钦光遗像两旁，书有"力争青岛，死重泰山"八字；会场上悬挂着各界送来的挽联。北大学生代表许德珩在大会上演讲时，歌颂了郭钦光为国而死的爱国精神，指出："郭君为国而死目的有二：（1）取消中日密约，收回青岛；（2）惩办国贼。"演讲者言辞沉痛，闻者潸然泪下。这次追悼会，实际成了北京市罢课誓师大会，5月19日，北京全市举行总罢课。

5月20日，在琼崖十三属学生联合会（简称"琼崖学联"）的主持下，海（口）府（城）地区各校学生1000多人，在琼崖中学（今琼台师范学院）举行郭钦光追悼大会，愤怒声讨帝国主义及其走狗的滔天罪行。会后，学生进行游行示威，高呼"打倒帝国主义""惩办卖国贼""抵制日货""为死难烈士报仇"等口号。文昌县的学生和各界人士，分别在文城和烈士母校罗峰高等小学举行郭钦光追悼会，赞颂郭钦光的爱国精神，声讨帝国主义和军阀政府的罪行。琼东（今属琼海市）、乐会（今属琼海市）两县学生，也分别在县城和嘉积召开郭钦光追悼大会，激起了学生和群众的爱国热情。随后，全岛开展了抵制日货运动。

5月26日，广州各学校的师生在高等师范学校召开郭钦光追悼大会，用鲜花结成一副对联及横幅，其文为"是为国殇，不愧英雄"，横幅为"正气磅礴"。5月31日，上海学生及工商各界，汇集于西门公共体育场，追悼为国捐躯的北大学生郭钦光。

郭钦光走了！但烈士的英名将与五四运动的历史一起永存，永远为人们所赞颂！

《觉醒年代》中的郭钦光

在庆祝中国共产党成立100周年的大喜日子里，中央电视台播出了重大革命历史题材电视剧《觉醒年代》，其中展现了郭钦光在五四运动中的情景。剧中的北大学生郭心刚，原型是来自海南岛的北大学生郭钦光，"心刚"是"钦光"的谐音。剧中展现了郭心刚的感人事迹，让观众刻骨铭心。

郭心刚得知巴黎公约丧权辱国，悲痛欲绝，竟神情恍惚地呆坐在湖边一夜。等邓中夏等同学找到他时，他已是满头白发。当北大师生奋力抗争、坚决捍卫国家主权时，郭心刚以自己的鲜血，在白色的帆布上写下"还我青岛"的横幅。当学生们高喊着"打倒卖国贼，还我青岛"的口号，在街上游行示威时，坚持带病参加游行的郭心刚终因悲痛交加，精疲力竭，昏倒在地。

在郭心刚病危时刻，李大钊和陈独秀赶去探望。郭心刚强坐起来，断断续续地说："二位先生，我要和你们永别了，心刚此生最大的荣幸，就是认识了二位先生。可惜国家濒危，当局却以狮子搏兔之力，弹压我等爱国之心，让我感觉到在自己的国家和在日本一样地受欺负。这样的国家还有什么希望？二位先生，你们要救救这个国家，救救这个民族！"然后，他将用鲜血写就的"还我青岛"横幅交给李大钊。此时，陈独秀抱着郭心刚的头说："心刚，你是国家的英雄，你是这个国家青年的榜样。"随后，郭心刚在陈独秀的怀抱里去世。郭心刚逝世后，在夜深人静的时刻，陈独秀抱着郭心刚用鲜血写就的"还我青岛"横幅，坐在地上痛哭流涕。李大钊在书桌前徘徊，提笔却又放下，思索一再，却是将毛笔生生折断。

陈独秀和李大钊带着同学们布置郭心刚的灵堂，陈独秀亲笔写下"君去矣甘将热血红青岛，吾来也不许狂奴撼泰山"的挽联。李大钊说："郭心刚因为爱这个国家，献出了他宝贵的生命。他是我们北京大学、北京学界乃至全中国的光荣和骄傲，我们永远不会忘记他！我们要用郭心刚的死唤醒民众，继承其志，完成其未竟之事业。所以我们决定，五月十八号下午在这儿，举行郭心刚烈士的追悼大会。"同时，李大钊宣布北京学联和教职员工联合会的决定，自5月19日起，北京各校全体总罢课。看着郭心刚以鲜血写下的"还我青岛",师生们拉起手,陈独秀说:"这是心刚的血留下的,让我们一起为心刚默哀!"李大钊对学生说,你们要派人到全国各大城市,"开郭心刚的追悼会"。

…………

笔者每一次看到剧中郭心刚牺牲的镜头,心里就激动不已,热泪盈眶,为海南有这样的英雄感到骄傲和自豪。巧合的是,笔者的朋友韩文畴老家在翁田镇,2024年4月23日,韩文畴陪笔者去翁田镇龙梅塘村瞻仰郭钦光烈士故居。不巧,屋里没人。门口墙上挂着一块铭牌,上面刻着"郭钦光故居 海南省离休退休军官休养所 离退休军官捐赠 重建二〇一四年十一月"。恰好这时,邻居郭泽贻出门办事,笔者说明来意,他告诉我们,郭钦光的孙子郭远志(80岁),去五指山市看望儿子郭仁欢(就是郭钦光的曾孙)了,郭仁欢在镇里当书记。随后,郭泽赃主动打电话给郭仁欢，我俩通了电话，得知他父亲身体很好，1992年民政部追认郭钦光为革命烈士，北京大学校友曾到翁田老家看望他父亲。

回到海口后，我俩互通信息，核实情况。

令人高兴的是，1998年，北京大学把郭钦光的名字刻在了"北京大学革命烈士纪念碑"（李大钊烈士名列第一）上；有纪念文章称"郭钦光是北京大学牺牲的第一位烈士"。根据中国近代史划分，五四运动至1949年为新民主主义革命时期。史料记载：郭钦光是在五四学生爱国运动中牺牲的第一位烈士[2]！

注：

①中共北京市委党史研究室：《中国共产党北京历史（第一卷）》，北京出版社，2001，第15页。

②中央档案馆、广东省档案馆编《广东革命历史文件汇集（索引）》，1992，第455页。

我党最早的武装队队长徐成章

徐成章（1892—1928），原名徐天宗，字惠如，海口市美兰区演丰镇昌城村人。1917年考入云南陆军讲武堂；1920年毕业回琼崖，筹办《琼崖旬报》，宣传革命思想；1922年秋加入中国共产党；1924年任黄埔军校特别官佐，同年底，任我党领导的建国陆海军大元帅府铁甲车队（叶挺独立团前身）队长；1925年，任省港大罢工工人纠察队总教练；1927年，前往海陆丰地区开展军事工作，同年底，任琼崖工农革命军东路总指挥；1928年2月，在战斗中壮烈牺牲。

琼崖革命的先驱

徐成章，1892年10月出生于广东省琼山县外义丰乡昌城村（今海南省海口市美兰区演丰镇昌城村）一个贫苦农民家庭。1907年，徐成章在府城肇新小学毕业后，以优异成绩考进府城中学。1909年，他和徐天柄、梁安周（即梁秉枢）等革命青年，加入乡进步人士组织的励志社，秘密开展"反清"宣传活动。同年，加入中国同盟会琼崖支部，成为琼崖同盟会早期的会员，积极参加孙中山先生领导的革命运动，参加琼崖讨袁军。1916年7月，龙济光镇压琼崖革命运动，琼崖讨袁军总司令陈侠农被通缉，讨袁军被迫解散，徐成章避居广州。

1917年底，徐成章前往云南昆明，以优异成绩考取云南陆军讲武堂第十二期步兵科（与叶剑英元帅是同期同学）。在学校里，他孜孜不倦地学习，关心国家大事，经常和同学们探索救国的道路。五四运动时，他和讲武堂的部分爱国同学冲破阻力，参加了6月4日昆明各界的游行示威，从中受到了深刻的爱国教育。

1920年初，徐成章从云南讲武堂毕业回到琼崖。夏天，他与王器民商量，招募股份，欲在海口创办报纸，宣传新思想。经多方努力，《琼崖旬报》终于在1921年4月7日于海口出版。1921年冬至1922年秋，从法国勤工俭学回国的罗汉、鲁易、吴明（即陈公培）及北京的李实等人来琼宣传革命思想。徐成章、王器民便邀请他们担任该报编辑，以《琼崖旬报》为阵地，明确提出该报以"改造琼崖"为宗旨，积极"介绍欧洲社会主义学说"，"鼓吹革命，反对封建，反对土豪欺凌贫苦百姓，宣传破除迷信，提倡男女平等、婚姻自由"，并会同海口市艺人吴发凤改良琼剧，以宣传改革旧社会风俗、宣传妇女剪辫等一系列活动，对琼崖人民的新觉醒起了促进作用。其间，徐成章于1921年春，应琼东县民选县长王大鹏之邀，任嘉积镇警察局局长，兼琼东县第一小学体育教员。他整顿社会治安，维护社会秩序，为嘉积百姓所赞誉。1922年秋，吴明经请示中共中央同意，吸收海南本地人徐成章、徐天柄、王大鹏、严凤仪、王文明、王器民等加入中国共产党。

大元帅府铁甲车队队长

1923年初，徐成章到广州，担任湘粤桂联军支队参谋长，率部进驻增城，对抗军阀陈炯明的部队。1924年初，徐成章与洪剑雄、杨善集、黄振士、周士第等，在广州组织琼崖少年同志会，出版会刊《新琼崖评论》，宣传革命思想。

1924年5月，在共产国际和中共的帮助下，孙中山在广州黄埔创办陆军军官学校。徐成章受党组织委派，到黄埔军校任特别官佐，负责第一期学生的军事训练工作。在这期学生中，后来成为中国共产党将帅的有共和国元帅徐向前、大将陈赓、上将周士第等。同年11月，黄埔军校第一期学生将要毕业时，中共广东区委意识到拥有自己掌握的武装力量，不仅可以应对突发事件，还可借此队伍培养训练军事干部，以便支援各地开展军事工作，于是，征得孙中山同意，决定建立"建国陆海军大元帅府铁甲车队"。中共广东区委军事部部长、黄埔军校政治部主任周恩来，从黄埔军校抽调特别官佐徐成章和第一期毕业生周士第、赵自选，并从其他单位抽调廖乾五、曹汝谦，一共5人，负责具体组建工作。11月下旬，筹建工作完成，队长徐成章，党代表廖乾五，副队长周士第，政治教官曹汝谦，军事教官赵自选。铁甲车队的工作与活动，由徐成章直接向区委书记陈延年和区委军事部部长周恩来请示报告。因此，铁甲车队是中国共产党直接创建和掌握的第一支革命武装。

铁甲车队成立伊始，就担负起支援农民运动的重任。1924年10月，广东省广宁县农民在周其鉴领导下开展减租活动，遭到了当地豪绅地主的破坏。徐成章根据党的指示，率领铁甲车队于1924年12月11日赶到广宁，支援农民运动，镇压豪绅地主的武装反抗。这次行动歼敌280多人，缴获大批武器弹药，使得广宁的地主武装纷纷投降，推动了广宁农民运动的进一步发展。在铁甲车队胜利完成了支援广宁农运的任务后，徐成章于翌年2月17日率部离开广宁返回广州。

不久，滇系军阀杨希闵、桂系军阀刘震寰阴谋叛变，企图颠覆广东革命政权。铁甲车队奉中共广东区委指示，在广州大沙头的桥头修筑工事，准备还击敌人。事变发生后，徐成章指挥铁甲车队从猎德附近渡河，向石碑、瘦狗岭敌人背后攻击，切断敌人的联系，并向敌人展开猛烈进攻，配合东征回师的革命军，击溃敌人，平息叛乱，收复了广州。

1925年，为声援上海人民五卅反帝斗争，省港工人举行了震惊中外的省港大罢工。6月23日，广州各界人民举行了示威游行，徐成章率领铁甲车队参加。当游行队伍途经沙基时，遭到帝国主义军警的血腥屠杀。徐成章指挥铁甲车队，冒着弹雨，奋不顾身，抢救遇险的群众。在这次省港大罢工中，党派徐成章担任罢工工人纠察队总教练，邓中夏为训育长。10月，工人纠察队改组，有的编入北伐军，有的转入农村参加农民运动、训练农民自卫军，其余人员改编成"缉私卫商保卫团"，徐成章任团长。

1927年，广州四一五反革命政变后，党派徐成章前往香港。

话说回来，1925年11月，中共决定将铁甲车队开到肇庆，编为国民革命军粤系李济深的第4军第12师（张发奎为师长）第34团。1926年元旦，中共广东区委与李济深的第4军军部正式通知：自即日起，第34团脱离第12师，为第4军直属独立团。同日召开改编大会，由共产党员叶挺任团长，故该团又被称为"叶挺独立团"。该团在北伐战争中屡建战功，并参加了我党领导的南昌起义。周士第于1925年6月任铁甲车队队长，后任独立团营长、团参谋长、团长，南昌起义任师长；1955年，被授予上将军衔。

在海陆丰开展军事工作

南昌起义是中国共产党打响武装反抗国民党反动派的第一枪，标志着中国共产党独立领导革命斗争和创建革命军队的开始。

1927年8月3日至5日，起义部队分批撤离南昌，向广东潮汕地区挺进。为迎接南昌起义部队，广东省委派徐成章到潮汕。

1927年9月23日，南昌起义部队占领潮州市，24日进入汕头市。据澄海县党史资料：9月24日，徐成章带领农军攻打澄海县城受阻，县委派徐成章到汕头市向南昌起义部队求援。25日，起义部队占领澄海。26日，徐成章随贺龙、叶挺、刘伯承等率6000

多名起义军抵达揭阳，彭湃率领的东江工农自卫军总指挥部28人随军到达。当天中午，周恩来从汕头抵达揭阳，召集各部汇报工作，指导成立揭阳县工农革命委员会（揭阳县工农临时政府）。下午，周恩来召开军事会议。会后，周恩来乘轮船回汕头。28日，贺龙、叶挺率部向汤坑进击敌军，打响了汾水战役（也称"汤坑战役"）。因情报有误，我军6000多人与敌军15000多人厮杀，血战三天两夜，歼敌3000多人，我军伤亡2000多人，包括2名团长。由于寡不敌众，起义部队于9月30日向揭阳撤退。

10月1日至3日，身患重病的周恩来在普宁召开军事决策会议，史称"流沙会议"。3日，会议开至下午4时许，突然接到敌军来袭击的情报。会议立即结束，我军开始组织部队御敌，掩护指挥部和与会人员向海陆丰撤退。这时，贺龙的先头部队已越过了云落，而跟进的领导机关和后卫部队（叶挺的

24师），在行至普宁钟潭村后莲花山时，遭遇敌军伏击。徐成章奋勇厮杀，带领300多人突围出来，走了三天三夜，于7日到达陆丰南塘，与当地党组织取得联系。

莲花山突围战，是南昌起义部队在潮汕地区的最后一役。对此，陆丰市政协史料是这样记述徐成章事迹的："起义军另一支突围队伍300余人枪，在团长徐成章率领下，几经周折于7日前后到了陆丰南塘，与中共南塘区委书记黄秀文取得联系，黄秀文亲自送他们到群众基础较好的碣石区虎布、湖坑、草洋等处宿营，受到当地群众热情接待和慰劳。团长徐成章根据上级指示，先将200多支枪赠与当地农军。第二天，部队在黄秀文陪同下，转移到金厢区的洲渚等乡村。第三天，在当时金厢区负责人张家骥协助下，由贫农黄盼等驾驶着生产用的渔船，将该团战士送抵香港。他们临行时，又将最后80多支枪送给了洲渚村农军。团长徐成章和一位姓缪的连长带着警卫员到金厢黄厝寮掩蔽等候消息。……羁留在黄厝寮的徐成章和另外三个官兵，与周恩来等领导相会后，担负起保卫周恩来、叶挺和聂荣臻的任务。……10月23日，船工告知黄秀文，风浪已小，可以启航赴港。是晚，周恩来、叶挺、聂荣臻和黄大爷握手道别，与徐成章、警卫人员等，在黄秀文和杨石魂护送下，从黄厝寮出发，步行20多分钟后，绕过洲渚村，来到金厢滩海边的几块大礁石旁，登上小舢艇，驳上一条5吨位、名为'彪刀'的运输船（该船由洲渚村农民武装战士黄明东奉黄秀文委派到海丰县海埠墟雇来，全程的租金100个大洋），抢渡香港。"[①]在生死攸关的危急时刻，徐成章没有随团撤退香港，而是留下来等候党组织的消息，并在病重的周恩来辗转至此时担任警卫，与警卫人员一道护送他们前去香港，充分体现了徐成章的高贵品质和不怕牺牲的大无畏革命精神。

值得一提的是，1925 年 11 月，在第二次东征胜利后，徐成章留在当地，担任了海陆丰农民自卫军大队长。正是徐成章熟悉海陆丰的情况，才能在莲花山突围战后带领冲出包围的 300 多人队伍，克服重重困难，走了三天三夜，抵达陆丰，找到当地党组织，并把大家安全送达香港。南昌起义部队撤退时，徐成章把近 300 支枪送给当地农军。后来，海陆丰农民自卫军改编为工农革命军，在创建海陆丰革命根据地时作出了很大贡献。因此，徐成章在海陆丰百姓中享有很高的威望。为纪念徐成章烈士，陆丰市下埔村在乡村建设中，修筑了《徐成章送枪》塑像，使这个红色故事家喻户晓，世代传扬。下埔村，也成了广东省远近闻名的"红色村"。2020 年 8 月 1 日，南昌起义展览馆新增"南昌起义参加者名录"21 人，其中包括第 24 师团长徐成章。

琼崖工农革命军东路总指挥

　　1927年10月底，徐成章受广东省委派遣回海南岛，领导琼崖人民进行武装斗争。1927年11月，任琼崖工农革命军东路总指挥。同月下旬，奉命率领东路工农革命军驰援陵水县（今陵水黎族自治县）农军，沿途攻克万宁县（今万宁市）和乐墟，消灭守军10多人，缴获步枪10多支。尔后继续向陵水县进发，行至万宁与陵水交界的牛岭关隘村时，又巧夺国民党民团据点，生擒铜岭民团团长。11月25日进抵陵水，与陵水农军汇合。12月16日，陵水县第一次工农兵代表大会召开，宣布成立陵水县苏维埃政府。徐成章在陵城圣殿成立工农军干部学校，培养军事领导骨干。按照中共琼崖特委原定夺取崖县的计划，徐成章又率部接连攻下新村港、藤桥墟，继而挥戈南征。1928年1月中旬，攻占三亚（今三亚市天涯区）。

当时，琼崖党组织和红军受到上级的"左"倾盲动主义错误指示的影响，对建立农村革命根据地的重要意义缺乏认识，热衷于进攻和夺取大城市，因而命令徐成章率部回师万宁，配合农民暴动夺取县城，随后进攻嘉积、海口。对此，徐成章有不同看法，并将其看法写成意见书报告特委。同时，徐成章认为，在未接到特委新的指示前，仍然要执行命令去万宁，这是党的指示，不能违命。1928年1月29日，徐成章奉命回师北上。2月4日，在攻打乐（会）万（宁）交界的分界墟战斗中，身先士卒，冲入街道与敌展开白刃战。在冲锋过程中，他被流弹打中颈部，因伤势过重，无药治疗，在龙滚军寮村牺牲。

2024年6月3日下午，海南省档案局（馆）莫业斌、李林峻、陈继齐和笔者前往演丰镇昌城村，在村党支部林副书记的陪同下，我们瞻仰了徐成章烈士故居。当时正下大雨，屋里光管坏了，只有个5瓦灯泡亮着，光线不好。厅墙壁上挂着一排照片，走近一看，其中有徐成章的戎装画像和烈士证书，我们高兴极了！这时，莫业斌处长打开手机照明，笔者拍下了这珍贵的史料。随后，莫处长对村干部说，由于潮湿，烈士证书出现损坏了，建议撤换成复印件，原件送海南省档案馆保存。

注：

①翁江山整理《南昌起义军抵达陆丰的前前后后》，陆丰政协网，2017年1月19日。

沙基惨案壮烈牺牲的曹石泉

曹石泉（1892—1925），原名曹家钰，笔名渊泉，琼海市中原镇长仙村人。1922年4月于云南陆军讲武堂毕业后，历任孙中山陆海军大元帅府参谋部副官，福建东路讨贼军连长，广州海防陆战队连长、副营长。1924年任黄埔军校第一期第二队区队长，同年加入中国共产党。后任军校教导团第1团第3营连长，第一次东征时任学兵连连长，1925年4月任党军第1团第3营营长。1925年6月23日，曹石泉在沙基惨案中壮烈牺牲。

立志报国上军校

2024年5月2日，笔者和王海安、王宏兴、韩文畴驱车前往中原镇长仙村，瞻仰曹石泉先烈生态文化园。刚下车，曹石泉烈士曾侄孙便迎了上来，帮我们照相留念后，带我们走进祖居，参观曹石泉纪念馆。随后，笔者拜访了曹石泉的侄子曹盛坤，并请他提供有关曹石泉的资料。

曹石泉，1892年6月29日出生在乐会县长仙村一个穷苦农民家庭。他3岁时，父亲因病去世，靠寡母养育，靠叔父曹俊凰资助上学。13岁那年，曹石泉从中原红庙小学毕业，叔父带他去新加坡做小生意。他心地善良，看到华工因没有文化而遭受痛苦，便将自己辛苦挣来的钱拿出来，连同各方赞助，创办了夜校，招收华工入学读书。随后，曹石泉热衷拜读孙中山在槟城创办的《光华日报》，开始接受反帝反殖民主义的革命思想，立下救国救民之志。特别是孙中山领导的辛亥革命胜利，使曹石泉决心回国，从军报国。对此，叔父勉励他说："好汉当勇，去吧，到军校去！"在叔父的资助下，曹石泉于1919年初考进云南陆军讲武堂第十五期工兵科学习。1922年4月毕业时，被任命为孙中山陆海军大元帅府参谋部副官。同年5月，参加孙中山先生领导的第二次护法运动北伐。同年6月，陈炯明在广州背叛孙中山，北伐军回师讨逆未果，曹石泉便随部转赴福建东路讨贼军，任第4旅连长、副营长等职。该部奉令驻守增城，与东江军阀陈炯明部对峙。陈炯明率部数千人前来围攻，曹石泉率部顽强抵抗，坚守城垣12日，表现了坚韧不拔的革命精神和英勇善战的军事素质。

1924年6月，曹石泉被任命为黄埔军校第一期第二队区队长。共产党员徐成章，时任黄埔军校特别官佐，在他的教育帮助下，曹石泉加入了中国共产党。此后，曹石泉的革命热情更高了，他除了致力于黄埔军校的教学工作，还积极参加琼崖留省青年组织的新琼崖评论社活动，曾先后为《新琼崖评论》撰写了《资产阶级能够赞助国民革命么?》等5篇文章，努力向家乡人民宣传革命思想。1924年底，黄埔军校第一期学生毕业，军校根据孙中山"以黄埔学生为骨干""成立革命军"的指示，先后建立了2个教导团，曹石泉任第1团第3营连长。1925年2月，国民革命军举行第一次东征，曹石泉转任学兵连连长，参加东征，荣立战功。

棉湖战役立奇功

棉湖战役，是1925年3月13日发生在第一次东征路上的一场关键战役，是黄埔教导团自建团以来遭遇的最艰难的一次战斗，黄埔学生军以极其惨重的代价战胜了敌军（林虎军队），取得棉湖大捷。这场战役对于黄埔军校、第一次东征乃至整个近代中国的政治、军事格局都有着重要影响。曹石泉就是这场战役取得胜利的关键人物之一。

1922年6月16日，军阀陈炯明在广州发动兵变。孙中山指挥滇桂粤联军讨伐陈炯明，于 1923 年 3 月 16 日，占领广州。陈炯明退踞东江一带，与之对峙。1924 年 11 月，孙中山离粤赴京，商讨主政大事。1925 年 1 月 7 日，陈炯明自任"救粤军总司令"，趁机进攻广州。广东革命政府决定将所辖的滇军、桂军、粤军和湘军一起组成东征联军，讨伐陈炯明。黄埔学生被编为教导第 1、第 2 团及炮兵营、工兵连，曹石泉任学兵连连长，于 2 月 1 日随东征右路军出发。三路大军从广州出发，一路所向无敌，仅 1 个多月，长驱 400 多千米，直达汕头市，东征军名声大振。就在这时，早有野心的左路（滇）军和中路（桂）军突然掉头向广州退去，右路军陷入被敌围歼的危险。3 月 13 日上午 8 时，棉湖之战打响，由教导 1 团 1000 多人对阵 10 倍于己的敌人。1 团将士拼命抵抗，伤亡惨重。10 时 10 分，敌人向教导 1 团指挥部所在地曾塘村发起进攻。有一股敌人冲到了距指挥部二三百米的地方，可曾塘村已无兵可守——从勤务兵到伙夫，以及苏联顾问，都拿枪投入了战斗，情况十分危急。此时，蒋介石、廖仲恺、周恩来等都在指挥部里，一旦失守，后果不堪设想。

在这岌岌可危之时，11点20分，连长曹石泉带领学兵连赶到左翼阵地，立即投入战斗。在曹石泉的沉着指挥下，我方多次打退敌人的进攻，誓死保卫指挥部的安全，为等待援军赢得了宝贵的时间。直到中午，粤军第7旅赶到，从右翼阵地反击敌人。战斗一直持续至下午4时，我方把敌人打退到400米外。但由于敌强我弱，教导1团已伤亡殆尽，团指挥部还有再次受到冲击的危险。就在这时，教导2团从后方杀向敌人指挥部，敌方军心大乱，于下午6时退却。这场持续了近10个小时的战斗，终于在黄埔教导团的胜利中落幕了。但损失也是惨重的，教导1团死伤过半；曹石泉带领的学兵连，仅剩20多人。

棉湖战役胜利后，右路军继续向东前进，于3月18日占领五华县城，19日攻克兴宁县城，在战斗中，曹石泉再立战功。4月13日，国民党中央执行委员会决定，以黄埔军校教导团为基础成立党军，曹石泉被提拔为党军第1团第3营营长。此后，曹石泉率部移驻梅县。在此期间，他领导所部积极安靖地方，支持工农青妇等群众运动。4月29日，他亲笔给梅县革命青年题词："革命本来不是专家的，但是又不是任何人都可革命的，惟我辈青年尤为是党员，才有充满的革命性。"在曹石泉的鼓励下，梅县青年革命运动蓬勃发展。

沙基惨案始末

沙基惨案发生在广州，起因却在上海。1925年5月30日上午，上海工人学生2000多人，分组在公共租界各马路散发反帝传单，进行演讲，揭露帝国主义枪杀顾正红、抓捕学生的罪行。租界当局大肆拘捕爱国学生。当天下午,仅南京路的老闸捕房就拘捕了100多人。万余名愤怒的群众聚集在老闸捕房门口,高呼口号,要求立即释放被捕学生。英捕头爱伏生竟下令向学生群众开枪,打死13人,重伤数十人,逮捕150多人。其中捕去学生40余人,射杀4人,击伤6人;路人受伤者17人,打死3人,等等。同时,租界当局调集军队,宣布戒严,任意枪击群众,制造了震惊中外的五卅惨案。

惨案发生后,全国震动。北京等各大城市学生先后罢课,掀起了反帝运动。为支持上海人民,反对英、日帝国主义在中国的暴行,中共广东区委派邓中夏、黄平、杨殷、杨匏安、苏兆征组成党团,到香港组织罢工。6月19日,香港的海员、电车、印务等工会首先宣布罢工,省港大罢工由此开始了。次日,广州沙面英法租界的2000余名中国洋务工人也举行罢工。

6月23日1时许，广州市工人、农民、学生、军人及其他群众近10万人，举行上海惨案追悼大会，声讨英、日帝国主义的暴行，一致通过援助沪案条件16条。会后，举行示威游行。下午3时20分，当军界游行队伍走到沙基西桥时，突然遭到沙面租界英国军警排枪射击，停泊在白鹅潭的英、法军舰也开炮轰击，致使当场死亡52人，重伤170余人，轻伤不计其数，造成震惊中外的沙基惨案。走在游行队伍前面的军界总领队、党军营长、共产党员曹石泉中弹身亡。据史料记载："当英兵肆行屠杀时，本师第一团第三营营长曹石泉同志，方一面指示群众避弹之处所，一面传令各连不准开枪之口谕，乃以相离敌方甚近，兽性之英兵，认识为本师官长，遂用机关枪对准曹营长猛烈射击，于是曹营长胸腰等部位，连中数弹，洞穿巨穴，血流如注，未及界入医院，即已气绝矣。"①

沙基惨案发生后，广州革命政府立即照会英、法等国，提出抗议，并宣布同英国经济绝交，同时封锁广东所有港口，给罢工以有力的支持。至6月底，广州、香港的罢工人数已达20余万人，且工人全部离开香港，其中大多数回乡下，少数回广州；沙面租界的罢工工人，也全部离开沙面岛。事后，国民政府决定为烈士举行隆重国葬。当年，广州市政府将"沙基"改名为"六月二十三路"。1926年6月21日，广州市政府在六月二十三路沙基西桥东侧建立纪念碑，碑上镌刻"毋忘此日"4个字，并将路名更为"六二三路"。省港大罢工自1925年6月19日开始，至1926年10月10日结束，长达16个月，是世界工运史上时间最长的一次罢工。

黄埔军校悼念曹石泉

在沙基惨案死亡的52人中，有黄埔军校师生27人。黄埔军校当年编印了《沙基屠杀中党立军校死难者》纪念册。时任黄埔军校政治部主任周恩来，在该书封二写了题为《沙基惨案与廖党代表之惨死》（同年8月20日廖仲恺遭暗杀）的悼念文章，并为沙基屠杀中党立军校死难者写下"喋血沙基为帝国主义死敌，转战潮广为国民革命先锋"②的挽词。纪念册刊载了《曹石泉同志的传略》文章，现全文转载如下：

我当未撰这篇传略之前，先有几句话说明，就是，曹同志高尚的人格和奋斗的精神，非这篇传略里能够充分的〔地〕表现，而其信仰主义之坚决，与思想之明澈，尤非笔墨所能描述。我虽不文，但我以同志的资格与友谊的关系，不能不替他作一篇传！

曹同志，籍隶广东乐会县，性温和，无嗜好，三岁丧父，长丧兄，家贫，受经济压迫，在县中高小毕业后，即同叔父赴南洋营业，兼习英文。但曹同志这时已富有革命性，并且感觉到无产阶级所受压迫的痛苦，故遂出资设夜校，召集一班有血气的侨工来教育，借资砥砺。后见华侨受帝国主义者之摧残与压迫日甚，于是觉得帝国主义者是中国人民的大敌，此敌不灭，中国人民永无生路，（曹同志已在这时认识帝国主义者是中国人民的大敌，这是何等的眼光！）然想打倒这凶暴的敌人，而解放被压迫阶级的痛苦，非有军事学识去训练强有力的军队是绝无希望；所以决心弃商回国入云南陆军讲武学校，民国十一年卒业第十五期工兵科。四月回粤充军政府参谋部的副官。六月陈逆炯明反叛，北伐军返师讨逆失败，遂转赴福建当东路讨贼军第四旅的连长，继又当警备军的连长。民国十二年广东海防陆战队二团二营的连长与营副等职；在增城一役，被陈炯明部数千之众包围十二日待援，当时曹同志，任劳耐苦的精神，在革命史上是博的［得］无上光荣。只是曹同志他在这几年的军队里度过这无意义和枯焦干燥的生活，他很得到一种深刻的教训与反省，知道没有基本的民众力量，而想从事于军事行动，专门靠武力去打倒帝国主义和一切恶势力，这是作〔做〕梦！故当任海防陆战队职时，常对一班同志云："在今日这种无主义训练与无纪律制裁的军队当中，只是增加罪戾！"很想"解甲归田"，努力农工运动，集中民众的力量，为大规模的革命运动牺牲。其时适逢本党筹备建设黄埔陆军军官军校，曹同志遂郑重地向我说："……希望中国将来现一线之曙光，黄埔陆军军官学校是负了完全的责任，因为他是负了党的使命，并且是中国唯一有主义，有组织，有纪律的学校建设在民众的上面去训练民众的武力。……"故民国十三年四月间投考，充第一期第二队区队长。继充教导第一团三营连长；后又转充学兵连连长。今年春间东征陈逆，颇著战功，而尤以棉湖一役为最，出死入生，冲锋肉搏，他精诚的勇敢与百折不挠的气节，实足令敌人胆丧心寒。兴宁之役，立功也不小。于是擢升党军第一团三营营长。后党军移驻梅县，上海工学被英日帝国主义者惨杀之噩耗传来，我校官兵，不胜愤激！其时我记得曹同志与一位同事说："帝国主义者不灭中国人永无生路……帝国主义者之鱼肉惨杀中国人，并非自今日始，不过昏瞆可怜的中国人神经感觉迟钝，今日才微有所觉罢！只是我认定这次的惨杀，确可引起中国各阶级澈底的觉悟，与增厚团结革命的力量。若这次中国各阶级仍抱往时不合作主义，则中国只有让帝国主义的国家来共管和中国人民只有闭上眼睛待毙而已！"曹同志他不仅是孙中山三民主义青天白日旗帜下的信徒，他同时也是马克斯共产主义赤色旗帜下的健将！他一方面为国民革命努力，一方面又为无产阶级奋斗。他这勇往迈进的牺牲精神，是令人们怎样的钦佩！孰意他竟在为主义而战，肃清反革命派陈炯明林虎杨希闵刘震寰等之后而为反抗帝国主义者惨杀同胞案以牺牲。

　　六月廿三日广州市各界为援沪惨杀案大巡行示威，曹同志率党军第三营士兵参加；当其未出队以前，曾向各士兵演讲帝国主义者压迫中国人如何厉害，如何凶暴，这次巡行与普通巡行不同，大家要有一种深刻的感想云云，及列队抵东较场遂被众推为军界总领队，不意领队巡行至沙面［基］西桥对面之地，下午三时二十分忽遭英国陆战队开枪射击；闻未中枪之前一秒钟尚呼"打倒帝国……"数字。他死底［的］情形非常惨悲，是为敌击中的第一人。身受伤三枪，二枪中右胸，一枪中手右，所中之弹，都系一种爆炸的含毒质药水的，当时尚能微声呼渴，但伤势过重，竟于六月二十三日下午七时三十分逝于光华医院。年三十三，家有老母六十余岁，寡妻无子，咳！曹同志死了！他是为

· 42 ·

何人而死？他是死在何人之手？他是为被压迫的弱小民族无产阶级去反抗帝国主义者惨杀而死！他不是死在国内的军阀与反革命派者之手，而是死在最横暴最凶残无人道的英吉利帝国主义者之手！中国不亡，我们永远是应该记着这一回最伤心的事呵！

曹同志死了！他是为无产阶级争人道正义而死！他是为谋被压迫弱小民族解放而死！他的思想怎样的澈［彻］底，他的意志是怎样的坚强，他的牺牲精神可以鼓动全世界被压迫的弱小民族！他死在国民革命的道路上是有重大的意义！

曹同志死了！但我们不因他死了而灰心，我们更因他死而战垒巩固！他的鲜血不是徒流的，他的鲜血是将染出全中国赤色的无产阶级底［的］伟大革命。我们不是徒哀悼他底［的］死，我们是要继续他底［的］志愿——"帝国主义者不灭，中国人永无生路"，这是曹同志遗下我们一句最精警的话呵！

后死同志洪剑雄撰于军校行营政治部
十四·六·二十四③

　　值得一提的是，上文作者洪剑雄（1899—1926），海南澄迈县金江镇博潭村人。1924年初，洪剑雄由谭平山介绍加入中国共产党；同年5月，考入黄埔军校第一期第二队学习；12月毕业时，留校在政治部工作（周恩来为主任），曾任军校《士兵之友》壁报编辑。他精于编辑，书法极好，被周恩来誉为"国民革命军中编辑壁报之能手"。1925年2月，洪剑雄参加第一次东征，攻克潮梅地区后，先后任总政治部驻梅州特派员、党军政治部组织科科长、国民革命军第4军政治部秘书、政治部留驻肇庆办事处主任。1925年10月初，随第4军参加第二次东征，先后任第2纵队宣传总队长、第

1军第14师政治部主任，驻防汕头。1926年3月，随军移驻梅县，代行师党代表职务，率部参加剿匪，协助周恩来处理东江行政事务。洪剑雄在梅县期间，指导成立了中共梅县特别支部，使梅县地区的革命运动蓬勃发展起来。1926年7月，国民革命军出师北伐，洪剑雄任国民革命军总政治部宣传科科长兼总政治部北伐战时宣传队队长。当月，他在随军到达湖南郴州时，染上霍乱病，医治无效，于8月3日逝世。

注：

①党军政治部编《沙基屠杀中党立军校死难者》，1925，第38页。

②同上，第63页。

③同上，第10—12页。

与李大钊一起就义的莫同荣

莫同荣（1894—1927），原名莫同标，字清浓，出生于今万宁市龙滚镇青山园外村一个贫苦的农民家庭。在广东省立第十三中学（今琼海市嘉积中学）读书时，积极投身五四运动。1922年考入私立中国大学，在京接受了马克思主义教育。1924年加入中国共产党，曾任中共北京地委农民部部长。1927年4月28日，与中国共产党创始人李大钊一起英勇就义，年仅33岁。

瞻仰莫同荣烈士故居

2024年4月6日，笔者和王宏兴（海口市委党校原副校长）、王中坚（王大鹏烈士的孙子）驱车前往万宁市龙滚镇，寻找莫同荣烈士故居。根据汽车导航，我们到了青山园村，经向一位老农打听，才知道莫同荣的故居在青山园外村。正准备问路怎么走，老农的儿子自告奋勇，开着摩托车为我们带路。闲聊之中，得知小伙子姓谢，爷爷谢章农是回国参加抗日战争的南侨机工，1995年8月获全国侨联颁发的荣誉证书。原来他是英雄的后代，这令笔者感到倍加亲切。笔者曾在《嘉积人物》一书中，写了一篇《南洋华侨机工王亚昌》的文章，对南侨机工的历史有所了解，如今提起南侨机工，心里肃然起敬！在小谢的指引下，我们拜访了莫同荣烈士故居的邻居谢女士（海口市第二十五小学退休教师），受到热情的接待，她亲自带我们前去参观。

在乡村公路边上，竖立着"莫同荣烈士故居遗迹"纪念碑；旁边不远的空地上，建有两间屋子，其中一间是厨房，一间是莫同荣烈士事迹陈列室。在屋子后面不远处，用砖砌了一面纪念墙，正面是英雄群像，背面是莫同荣烈士生平简介。笔者仔细观看陈列室资料，得知莫同荣1894年出生于万州龙滚青山园外村。父亲莫聘珍，母亲蔡氏，大兄莫同华，皆为勤劳诚实的农民。父亲擅长草药医术，农闲时在乡村行医，平时为患者拣草药治疗，收取微薄费用，维持生计。虽然家境贫寒，但家里还是省食俭用，供莫同荣上学读书，以求得有出头之日，光宗耀祖。当笔者看到莫同荣在省立十三中读书的史料时，高兴地对大家说，省立十三中就是现在的嘉积中学，莫同荣是笔者的学长，令人敬佩！

积极参加学生运动

莫同荣少年时聪明敏慧，勤奋好学，天资过人，过目不忘。在龙滚戎庙小学读书时，成绩优秀。小学毕业后，考进广东省立十三中。在中学阶段，莫同荣长得一表人才，学习上文才、口才出众，被人们誉为

"三才"学子，在同学中享有很高的威望。同时，在进步思想的影响下，他树立了救国济民的远大抱负，将原名"莫同标"改为"莫同荣"，以激励自己"以天下同荣为己任"！莫同荣在校期间，五四运动爆发，他积极参加学生运动，投入反帝反封建的斗争，被大家推选为省立十三中学生联合会主要负责人，从此开始了他的革命生涯。

1919年5月底至6月，琼崖的学生爱国运动在全岛各县风起云涌，反帝反封建的斗争不断升级，从原来的游行、集会、示威发展到坚决抵制日货阶段。当时万宁县的学生率先联合起来抗制日货，销毁"天德号"商行贩卖的大批日产布匹、成衣、日用品等。因而，"天德号"老板对学生的反帝爱国行动极为不满，便勾结万宁县反动政府镇压学生运动。面对这个险恶形势，万宁县各个学校当即召开了紧急会议，商议应急对策，并派出代表到琼崖学联汇报情况。琼崖学联认为，万宁县的学生爱国运动能否取得胜利，直接关系到全岛学生爱国运动的发展。于是，决定派莫同荣为琼崖学联全权代表，让他到万宁县领导这场斗争。莫同荣到万宁后，听取了情况汇报，对整个斗争局势进行分析，制定了"软硬兼施"的斗争策略，采取"双管齐下"的做法。一方面，他争取社会各界的支持，即通过大力宣传，号召工农群众及各界人士支持学生爱国运动，联合举行大规模的游行示威抗议活动；另一方面，他带领师生代表，到"天德号"商行进行交涉谈判，当面痛斥商行老板，责令对方向全体师生赔礼道歉，赔偿被打伤学生的全部医疗费用，等等。在莫同荣的组织领导下，万宁县的抵制日货爱国运动掀起了斗争新高潮，推动了全岛反帝反封建爱国运动的开展。莫同荣成了万宁老乡心目中的英雄，也成为五四运动中琼崖学生的杰出代表人物。

1920年8月，莫同荣中学毕业。由于家

庭经济困难，他随同乡去新加坡打工。艰苦的劳动生活，没有打消莫同荣读书求知的欲望。父老乡亲也觉得莫同荣很有才华，于是大家合力集资，支持莫同荣回国内读大学。1922年，莫同荣回国北上，考上了私立中国大学。

创办《琼岛魂》杂志

莫同荣怀抱读书救国的理想，背负着父老乡亲的期望，来到五四运动发源地北京。生活拮据的莫同荣，为了完成几年的学业，坚持勤工俭学，一边打零工，一边读书。他如饥似渴地学习科学文化知识，学习马克思主义等革命理论，思想觉悟进一步提高。1923年，莫同荣和琼籍革命者柯嘉予等人，组织琼岛魂社，创办《琼岛魂》杂志，以支持琼崖人民的斗争，无情地揭露和有力地抨击琼崖军阀、封建地主的黑暗统治，宣传爱国主义思想，提倡民主与科学，传播马克思学说，介绍俄国十月革命的经验。同时，他积极参加北京党组织在学校开展的革命活动。1924年，莫同荣加入中国共产党。

值得一提的是，随着马克思主义在琼崖的广泛深入传播，提高了琼崖人民的思想觉悟，反帝反封建斗争推进到反对军阀邓本殷的斗争。当时，中共琼崖地方党组织还没有建立，需要有一个强有力的革命团体来指导这场斗争。在中国共产党的指导下，由杨善集、徐成章、周士第、洪剑雄等创办的广州新琼崖评论社，王文明、叶文龙创办的上海琼崖新青年社，莫同荣、柯嘉予创办的北京琼岛魂社等发起，于1925年4月7日，在广州召开国内外琼崖革命团体（20多个）代表会议，成立了琼崖革命同志大同盟，通过了《琼崖革命同志大同盟组织大纲》，发表了《琼崖革命同志大同盟成立宣言》。会议选举王文明、杨善集、周士第、柯嘉予等人为执行委员会委员，王文明任执行委员会常务委员，主持同盟工作。

琼崖革命同志大同盟的成立，对琼崖"驱邓运动"起了积极的推动作用。当时，美国为掠夺琼崖主权和资源，向邓本殷提出将索取冯卓殊（美国牧师）案40万元减为3万银圆，并以3000万美元贷款换取在琼崖修路、筑港、开矿、采伐森林、开发商埠的特权，邓本殷竟答应美国要求，准备同美国签约。邓本殷的种种暴行和卖国行径，引起人民的强烈反对。全琼学生举行反美反邓大游行，琼崖各界组织反对卖琼委员会，上书革命政府，请求政府讨伐邓本殷。1925年5月2日，琼崖革命同志大同盟向全国发表《反对邓本殷借款通电》；5月3日，在广州广东大学召开琼崖留省公民大会，号召全岛罢工、罢市、罢课，请愿政府讨伐邓本殷。上海等地人民纷纷行动起来，支持琼崖人民的反帝反邓斗争。最终，逼使邓本殷不敢与美国签约，这场斗争取得了胜利。1925年

10月，国民政府组织南征军，直捣琼崖，讨伐邓本殷。翌年1月，琼崖平定，结束了邓本殷在琼崖的军阀统治。王文明等200余名党团员，在国民革命军渡琼前后回到琼崖，建立中共琼崖地方党组织。

1926年春，莫同荣的父亲逝世，他千里迢迢回到家乡送葬。而后，为了掀起琼崖革命斗争热潮，他在海府地区参加指导各种革命活动。在家乡青山园、坡尾一带乡村向农民群众宣传革命思想，宣讲北京革命斗争形势，激发农民群众参加革命。同时，他挨门串户帮助妇女破除迷信，冲破世俗观念，剪辫子、放裹脚，并首先动员2个女儿剪长发，以带动全村妇女。1927年初，莫同荣当选为中共北京地委农民部部长，同时任国民党北京市党部农民部部长。

"4·28"烈士遇难始末

1927年4月28日，中国共产党创始人李大钊等20人被杀害，同时遇害的有莫同荣。根据北京党史资料，现将"4·28"烈士遇难始末记述如下：

为了避免遭受敌人迫害，1926年3月底，在共产国际的帮助下，中共北方区委、北京地委、国民党北京特别市党部迁入东交民巷苏联大使馆西院的旧兵营内，继续领导北方人民的革命斗争。1927年4月6日，张作霖在得到帝国主义与驻华公使团的默许和支持后，派出军警、便衣侦探200多人，把东交民巷东、西、北三方围堵起来，不顾外交惯例和国际公法，强行进入大使馆界内，袭击了苏联大使馆西院以及附近的远东银行、中东铁路办事处、庚子赔款委员会等，逮捕了李大钊、范鸿劼和国民党左派邓文辉等80余人[①]。

1927年4月12日，上海发动反革命政变。不久，蒋介石密电张作霖："将所捕党人速行处决，以免后患。"4月28日，奉系军阀在社会各界舆论的谴责声中，仓促判决对李大钊等20位革命者处以绞刑。当天下午，李大钊首登绞刑台，"神色未变，从容就死"。同时遇害的有范鸿劼、谭祖尧、邓文辉、谢伯俞、莫同荣、姚彦、张伯华、李银连、杨景山、谢承常、路友于、英华、张挹兰（女）、陶永立、郑培明、李崑、阎振三、吴平地、方伯务等19人[2]。

据北京党史记载："李大钊被捕牺牲以后，北京党组织和革命人民失去了强有力的领导中枢。中共北京地委各部门虽然还在艰难的环境中继续领导北京党的工作，但是，党的活动受到极大的限制，革命形势已经转入低潮。"[3]

在这里，需要说明的是莫同荣的被捕时间。据1927年4月21日《民国日报》第四版标题为"北京续捕共产党"的新闻稿件："警厅对党案，仍在审讯中。每检得重要文件，即令李大钊说明缘由，李有时六推不知。被捕党员有范鸿劼，已讯明系重要委员。十七日捕获莫同荣，供系农人部长。"也就是说，奉系军阀抓捕李大钊等人后，在北京继续追捕共产党，并于4月17日抓获了莫同荣。他的身份是"农人部长"，"农人"旧时指农民，即莫同荣是中共北京地委农民部部长。

新中国成立后，莫同荣烈士的遗体迁葬八宝山革命公墓，供人们瞻仰。

注：

①中共北京市委党史研究室：《中国共产党北京历史（第一卷）》，北京出版社，2001，第152页。

②同上，第155页。

③同上，第157页。

曾任中共北江特委书记的
叶文龙

　　叶文龙（1900—1928），又名叶保治，祖籍文昌市铺前镇田良尾村。1925年，加入中国共产党。同年底回广州，任全国总工会干事、中共广东区委秘书。1926年夏，以中共广东区委农运特派员身份，奉调清远县（今清远市）指导农运工作，组建中共清远县委并任书记。四一二反革命政变后，他带领北江农军北上武汉。随后任武昌中央农民运动讲习所教务长。参加南昌起义，后调任中共中央宣传部，为负责人之一。广州起义失败后，调任北江特委书记，在赴任途中于清远横石白庙被反动民团逮捕，不久在县城惨遭杀害。

琼崖学生运动负责人

叶文龙生于官宦家庭，其祖父及父亲曾任清王朝的知州和知县。1900年，他在父亲任职的四川省秀山县（今重庆市秀山土家族苗族自治县）出生，自幼在家庭教师教诲下读书识字。1911年，辛亥革命推翻了清王朝的统治，也结束了其父的政治生涯。他父亲返乡在琼崖中学任国文教员，叶文龙被安排到琼山县府城小学读书。1917年，叶文龙考上琼崖中学，与进步青年周士第、郑兰积同班。受他们的影响，叶文龙积极追求救国救民道理。1919年，五四运动爆发，消息传到琼崖，叶文龙积极响应，与周士第等串联海口、府城各校，组织学生上街游行示威，表现出极大的革命热情。1919年5月18日，琼崖十三属学生联合会成立，叶文龙被选为该会的领导成员，参与领导全琼崖学生运动。同时，协助杨善集创办《琼声周报》，积极向青年学生宣传新文化运动。他与周士第、郑兰积等一起，组织杂志巡回阅览社，利用暑假，携带《新青年》《每周评论》等宣传马克思主义的刊物到各县市镇宣传展出。其父亲对叶文龙的革命倾向十分担忧和恼火，在劝阻不通的情况下，有一次竟怒气冲冲地打落了他的两颗门牙，但这丝毫阻挡不了叶文龙对革命理想的追求。1920年秋，叶文龙考取了上海沪江大学政治经济学系。在上海，他如饥似渴地阅读进步书刊，学习马克思主义理论。他与同乡王文明、王业熹、黄昌炜、陈垂斌、许侠夫、陈德华等人一起，在上海成立琼崖新青年社，出版《琼崖新青年》（半月刊）杂志，宣传进步思想。1925年，叶文龙与王文明、徐成章、莫同荣等人共同努力，由上海琼崖新青年社、广州新琼崖评论社和北京琼岛魂社3个团体牵头，于4月7日在广州联合成立了琼崖革命同志大同盟。同年，叶文龙在上海加入中国共产党。上海五卅惨案发生后，叶文龙参加中国共产党领导的矛头直指教会中帝国主义分子的非基督教运动，被勒令退学。后考取上海国立自治学院，因不满学校当局而被开除学籍。同年秋，叶文龙考取设在南京的国立东南大学。根据国民革命运动的需要，叶文龙下半年放弃学业返回广州，任中华全国总工会干事、中共广东区委组织部干事和区委秘书，协助区委书记陈延年开展工作。

临危受命赴清远

清远县的农运工作原本有很好的基础。早在1924年底，国民党中央农民部就派了农运特派员赖彦芳、宋华来清远县开展农民运动。1925年，中央农民部又派省农协候补执行委员韦启瑞来清远指导工作。经过几个月的努力，全县参加农会的农民有1.2万多人。到1926年春，会员增至3万余人。在开展反对苛捐杂税的斗争中，取得了很大的胜利。但是，清远的土豪劣绅不甘心失败，于1926年利用贿赂上司的手段，将支持农运工作的县长撤换。新任县长公开支持土豪劣绅反攻倒算，镇压农民运动，清远县的农运面临着严峻的考验。

1926年夏，中共广东区委任叶文龙为农运特派员，赶赴清远县指导农运工作。叶文龙接替韦启瑞后，首先抓党组织建设。他立刻召开全县党小组会议，成立中共清远县委（一说党组），由他担任县委书记。其次是抓农民武装。为了反击土豪劣绅的猖狂进攻，他指示各区农会成立农民自卫军，并设立农军骨干训练班，从全县695名农军中挑选120多名作为骨干训练。还通过中共广东区委派来周奇、赵自选、李资、张基础等4名共产党员教官负责训练工作。从而提高了农军的战斗素质，推进了农运的迅猛发展。不到半年，全县60%的乡村都成了农会的天下。11月25日，清远县民团局派民团到麻田寺牛行挑衅，强硬要求原来经批准由农会收取作经费的麻田寺牛行租税，改由民团收取，其无理要求遭到拒绝，民团开枪镇压和恐吓农军与群众，农军奋起还击，赶走民团。"牛行事件"后，叶文龙组织清远农军连续取得了反击反动民团斗争的胜利，震动了清远全县，叶文龙的名字在人民群众中传开了。可是反动民团不甘心失败。1926年12月下旬至1927年1月，清远县民团反动首领刘东勾结地主恶霸，联合花县（今广州市花都区）、三水（今佛山市三水区）等县反动民团，对清远各区乡农会发起进攻。所到之处，烧杀抢掠，无恶不作，并占据清远县城，围攻县农会。叶文龙指挥全县农军奋起反击，在太平、山塘等地与反动民团展开激战，多次打退敌人的猖狂进攻。最后，在国民革命军教导师第1团的支援下，一举将这股反动势力击溃。在广东农运史上，清远农军写下了胜利反击反动民团的光辉一页。

带领农军北上武汉

　　1927年，蒋介石在上海发动四一二反革命政变后，国民党在广东的执政者接着发动了四一五反革命政变，在广东实行"清党清共"，大肆屠杀共产党人和革命群众。清远反动民团乘机再起，以3000光洋赏额缉拿叶文龙。在秘密转移到北江的省农会常委罗绮园的领导下，1927年4月18日，清远县农民协会改组为"非常时期特别委员会"，负责指挥农会和农军工作，周其鉴、叶文龙、赖松柏、刘清等为委员，叶文龙为农军总指挥，周其鉴为农军训育长。4月19日，叶文龙带领农军骨干280人，公开进驻县城，筹备军需，训练整编农军，成立农军北上大队（由叶文龙任总指挥），于24日晚带领农军渡江行军到横石坐火车北上。4月25日，叶文龙带领清远农军，配合英德农军发动英德暴动，并取得胜利。

　　随后，叶文龙带领清远农军继续开赴韶

关，编入广东北江工农自卫军。自卫军总指挥部下辖3个大队，叶文龙任第2大队大队长，卢克平为指导员。为保存革命力量，1927年5月1日，北江工农自卫军从韶关出发北上武汉。5月14日，到达湖南耒阳进行整编。5月21日，湖南长沙国民党驻军许克祥叛变革命，发动"马日事变"。北江工农自卫军受阻于湖南。6月8日，中央农民部的两位代表到达永兴十八都，要求北江工农自卫军尽快开赴武汉。6月15日，北江工农自卫军抵达武汉，改编为国民革命军，后参加南昌起义。叶文龙被调到设在武昌的毛泽东主办的中央农民运动讲习所任教务长。7月15日，汪精卫在武汉发动反共事变后，"叶文龙按照中共党组织的指示离开武汉，加入南昌起义部队。南昌起义失败后，调回上海中央宣传部工作（当时党中央驻上海），叶文龙为中宣部负责人之一"①。同年11月底，为配合广州起义，组织全省各地暴动，中共广东省委向中央请调叶文龙回琼崖。当叶文龙抵达香港时，广州起义已经失败了，叶文龙暂留香港工作。

青春热血洒清远

1927年12月20日，为联络退出广州的起义农军，继续组织粤北各县农民暴动，中共广东省委决定成立北江特别委员会，叶文龙任特委书记。当时，白色恐怖笼罩着南粤大地，许多人逃到香港避难。叶文龙却无所畏惧，义无反顾地坚决执行中共广东省委决定，与在香港的清远农运负责人刘清，于当年12月下旬离港返穗。他俩化装成商人，携带活动经费（白银3000元，港币1000元），从广州乘火车到达清远横石后，准备转乘小船沿北江而上，不幸被当地民团小队长邓康检查截获。邓康见他俩身带巨款，认为有来头，便将他俩押至县民团局邀功。县民团团董张耀初认出叶文龙是清远的"共党首领"，便将他俩作为重犯关押。他俩受尽严刑拷打，但始终坚贞不屈。反动派在他俩身上得不到任何情报，又怕农会和革命群众来营救，于1928年1月初，匆忙将他俩押至西门岗枪杀。在赴刑途中，叶文龙一路高唱《国际歌》，并大声疾呼："杀我一个共产党员，增加一百个共产党；杀一百个共产党，增加一万个共产党。总之杀不绝，越杀越多。革命的同志们，踏着我们鲜红的血迹，继续前进！"到达刑场时，叶文龙立而不跪，并继续高喊"打倒帝国主义！""工农暴动杀尽一切反动派！""共产党万岁！"等口号，慷慨激昂，英勇就义。叶文龙烈士成为清远老百姓心中的英雄，他的光辉事迹传诵至今。

此外，由于消息不通，叶文龙在清远牺牲后，琼崖特委还请求中共广东省委派叶文龙回琼崖，据历史档案记载："请派军事及内部工作同志（能负县委责任）。闻文龙、孟晋两同志在港，能派回更妙。"②可见，叶文龙在琼崖早期革命运动中，影响之大。

2024年4月23日，笔者和韩文畴专程前往铺前镇田良尾村，瞻仰叶文龙烈士故居。他的侄子叶世权已是90岁高龄，却坚持从房里走出来与我们交谈。老人说："文龙（这一辈）是三兄弟，名叫龙、虎、麟，文龙是老大，我父亲文虎是老二，老三叫文麟。听父亲讲，文龙很聪明，很会读书。家里反对他参加革命，但他坚持干革命。后来他在大陆参加革命的情况，家里不清楚。"笔者说："叶文龙在广东做过县委书记、特委书记，还当过中央宣传部领导，是了不起的英雄。"

注：

① 中共海南省委党史研究室编《中国共产党早期的海南人》，海南出版社，2011，第80页。

② 《中共琼崖特委十二月份总报告——暴动情况

及党的组织、宣传、经费问题（一九二八年一月九日）》，载中央档案馆、广东省档案馆编《广东革命历史文件汇集（中共琼崖、南路特委文件）（一九二七——一九三五）》，1983，第20页。

曾任中共琼崖特委常委的陈垂斌

陈垂斌（1900—1933），乐东黎族自治县利国镇乐罗村人。琼崖学生运动领导人。1925年，加入中国共产党。1926年6月，参加中共琼崖一大，被选为中共琼崖地委委员兼组织部部长。1927年11月，任中共琼崖特委常委，参与创建乐四苏区，指导成立陵水县苏维埃政府。随后，坚持在乐东开展武装斗争。在战斗中受伤被捕，于1933年3月9日牺牲。

琼崖学生运动领导人

陈垂斌，1900年2月7日出生于一个贫苦农民家庭。父亲陈世泽，母亲潘氏，以种田为生。陈垂斌有兄弟6人，他排行第六，人们称他为六哥。陈垂斌是一个懂事又顽皮的孩子。农忙时，他下地跟随父母劳动；农闲时，便跟村中的小朋友爬树、游泳等，练就了一副强健的体魄。特别是陈垂斌聪明过人，读书过目能诵。6岁时，背诵李白、杜甫的诗歌。7岁，进入美国传教士开设的基督教教堂学习《圣经》。1916年，考入琼山府城的华美中学，半工半读。他勤奋学习，成绩名列前茅。他特别关心国家大事，积极参加学生运动；五四运动爆发后，陈垂斌被选为琼崖十三属学生联合会领导人之一。从此，他全力投入领导学生开展反帝爱国的革命斗争。

1922年，陈垂斌考入南京高等师范学校，和在南京读书的琼崖学生罗文淹、郭儒灏等在革命浪潮的影响下，学习十月革命的理论，探讨救国救民的新思想。同年8月，我党为了培养革命理论骨干，在上海创办了上海大学。1924年，陈垂斌、罗文淹、郭儒灏等考入了上海大学社会科学系，攻读马列主义专著。同时，他积极参加我党领导的工人运动，大力宣传国共合作的正确主张，揭露国民党右派破坏国共合作的阴谋，全心全意拥护党的革命统一战线的主张。一次，陈垂斌在参加上海民众欢迎孙中山先生北上的大游行中，赤手空拳与手持铁棍的大批法巡捕搏斗，被击倒在地，他愤怒高呼"打倒法帝国主义！"的口号。在斗争中，陈垂斌加入了中国社会主义青年团组织。上海"五卅"惨案后，陈垂斌积极参加反帝活动，并在斗争中转为中国共产党党员。当时，陈垂斌是上海大学学生会领导人之一，也是上海学生联合会领导人之一。他和王文明、叶文龙、王业熹、黄昌炜等琼籍革命青年在上海成立琼崖新青年社，出版《琼崖新青年》旬刊。1926年1月，我党根据革命形势的发展，将陈垂斌、罗文淹、郭儒灏等共产党员动员回广州。

参与建立琼崖党组织

1926年1月底，国民革命军平定琼崖，结束了邓本殷在琼崖的军阀统治，琼崖的革命统一战线开始形成，革命形势一片大好。当时，前后有3批共200余名共产党员和共青团员进入琼崖进行革命活动，陈垂斌是其中一个。

同年2月初，中共琼崖特别支部委员会在海口成立，罗汉任书记，委员有王文明、冯平、李爱春、何毅、符向一、柯嘉予、陈公仁。特支成立后，立即开展早期组织的建立工作。3月，陈垂斌任省立第六师范（今琼台师范学院）教务主任，他利用学校这块阵地，宣传革命思想，在师生中发展党员，建立党团支部，并担任书记。6月，陈垂斌、王业熹、郭儒灏等人被党组织派到澄迈中学任教，建立邓仲（"澄中"谐音）党支部，陈垂斌任书记。在短短几个月内，陈垂斌组建了2个党支部，充分体现了他有很强的组织能力。

1926年6月，中国共产党琼崖第一次代表大会召开。参加会议的代表有王文明、罗文淹、冯平、许侠夫、周逸、何德裕、李爱春、黄昌炜、陈三华（女）、陈垂斌、罗汉等人，代表党员240多人。会议在中共广东区委特派员杨善集的指导下，经过讨论，选举产生了中国共产党琼崖地方委员会（简称"中共琼崖地委"）领导机构。王文明、罗汉、冯平、许侠夫、陈垂斌、黄昌炜、罗文淹、柯嘉予、何德裕、李爱春、陈三华（女）、周逸、陈德华等当选为委员。委员的分工是：地委书记王文明，组织部部长陈垂斌，等等。

1926年夏，陈垂斌组织澄迈中学进步师生开展革命斗争，掀起声势浩大的夏、秋两次"择师运动"，驱逐反对国民革命和学生运动的右派校长何仁楷、教导主任李日芳。随后，陈垂斌任校长，王业熹任教导主任，郭儒灏任训育主任，使学校的领导权掌握在共产党员手中。此后，陈垂斌领导建立了澄迈县工、农、青、妇、学等群众组织，并派党员奔赴全县各区乡发展党员和建立党的基层组织。年底，全县党员已有90多人。

1927年，琼崖四二二事变，王文明和陈垂斌率领琼崖地委机关，撤到乐会县第四区，保存了琼崖共产党的领导核心。中共琼崖地委撤到乐四区后，立即召开群众大会，揭露以蒋介石为代表的国民党反动派屠杀共产党人和革命群众的滔天罪行，号召人民继续坚持斗争。经过努力，逐渐恢复了中共琼崖地委领导机关的工作。同年6月，中共琼崖地委在乐四区宝墩村李氏祠堂召开了紧急会议，杨善集传达了中共广东区委关于"组织武装，恢复农村工作，以革命红色恐怖镇压反革命的白色恐怖"的指示精神，成立中共琼崖特别委员会，选举杨善集、王文明、冯平、许侠夫、陈垂斌、罗文淹等为委员，并成立军事委员会和肃反委员会，杨善集任特委书记兼军委主席，王文明任肃反委员会主席。会后，陈垂斌留在特委机关，协助杨善集工作，领导全琼武装斗争。同年9月23日，椰子寨战斗揭开了琼崖武装总暴动的序幕，杨善集在战斗中牺牲。同年11月初，琼崖特委在乐四区白水礤村召开第一次扩大会议，选举王文明、罗文淹、陈垂斌为常委，冯平、许侠夫、何毅、符明经、谢育才、王经撰、邢慧学为委员，冯白驹、魏宗舟、孙成达为候补委员，王文明为特委书记，冯平为军委主席。从此，陈垂斌成为琼崖特委领导核心之一，他协助王文明领导琼崖武装斗争，开展土地革命，使全琼各地暴动又掀起了高潮。

指导成立陵水县苏维埃政府

1927年7月，陵水讨逆革命军成立后，立即掀起武装斗争的高潮。同月11日，举行陵水第一次武装起义，攻打县城，因敌强我弱而失败。同月18日，第二次攻占陵城；25日，因敌人反攻而撤出县城。中共琼崖特委扩大会议后，中共陵水县委决定于1927年11月25日第三次攻打县城。为确保攻城胜利，中共琼崖特委命令徐成章率东路军3个连驰援，派陈垂斌等一批党政干部到陵水帮助建立地方政权。国民党反动县长邱海云得到消息后，弃城而逃。陵水讨逆革命军占领了县城，陵水暴动成功。11月26日，陈垂斌主持召开中共陵水县委和琼崖工农革命军联席干部会议，研究政权建设问题，决定尽快恢复陵水党政军群组织和建立陵水苏维埃政权。会后，在陈垂斌的指导下，先后恢复陵水县农民协会，选举产生新的县委，成立陵水县苏维埃政府，成立陵水工农军干部学校，等等。

据《中国共产党陵水历史（第一卷）》第二编第五章记载："11月28日至30日，陵水县农民协会第二届全体执行委员会议在顺德会馆（中山路）召开，陈垂斌主持会议，黄振士作会议报告，宣布恢复陵水县农民协会。会议选举黄振士为主席。……12月初，陈垂斌在琼山会馆（现中山南路）主持召开中共陵水县委扩大会议，原县委、县人民政府委员和区、乡党政军负责人90多人参加会议。会议通过选举产生新的县委，筹建工农民主政权，开展斗土豪、分田地运动的决议。会议选举许邦鸿为县委书记。""（12月16日），陵水县第一次工农兵代表大会在这里召开，许邦鸿主持会议。大会宣布成立陵水县苏维埃政府，办公地点设在陵城琼山会馆。会议推选王业熹为主席。……会上，陈垂斌代表中共琼崖特委致贺词。"另据第六章记载："根据中共琼崖特委的指示，1927年12月17日，陵水工农革命军干部学校在陵城文庙圣殿（今椰林中心小学内）创办，委任黄埔军校毕业生游济为校长。……典礼由校长游济主持，陈垂斌代表中共琼崖特委宣布陵水工农军干部学校成立，琼崖东路工农革命军总指挥徐成章讲话。"

综上所述，陈垂斌在陵水指导工作是有成绩的。特别是陵水县苏维埃政府成立，这是琼崖第一个县级苏维埃政权，也是继海陆丰苏维埃政府之后，我党在华南地区建立起来的又一个县级苏维埃政府。1928年2月18日至21日，琼崖党的第二次代表大会召开，省委派李源、黄雍参加指导。大会选举产生了新的特委领导班子，李源、黄雍、王文明、郭经绪、王绰余为常委，李源为特委书记。不是特委常委、委员的陈垂斌，以特派员的身份，留在陵水指导工作。当年4月，琼崖特委另派专员前往陵水指导工作。

回家乡开展武装斗争

1928年6月中旬，中共广东省委派黄学增任琼崖特委书记，主持特委工作。同年8月，琼崖苏维埃政府成立，王文明任主席。随着反"围剿"斗争失败，革命遭受挫折，形势不断恶化。黄学增贯彻执行上级"以城市为中心"的方针，决定将特委机关迁入府海地区。王文明率苏维埃政府机关和部分红军转入母瑞山，创建革命根据地。在这艰难时刻，陈垂斌选择回家乡乐东开展农村武装斗争。经请示黄学增书记同意，陈垂斌于1928年中秋过后，带领一些有斗争经验的共产党员潜回其故乡崖县四区（今属乐东黎族自治县），组织起一支特别武装队，继续坚持农村革命斗争。陈垂斌带领特别武装队，积极打击国民党县长王鸣亚在农村中的势力，打击流氓盗贼，整治社会治安，深得农民的拥护。同时，陈垂斌全力支持冲坡地区曾学一领导的农民进步组织，反抗罗业新、罗业鸿等土豪劣绅的剥削压迫；在望楼港、莺歌海等地，支持陈文光、陈世德开展的抗暴斗争，扶助该地区红5连的建立和斗争。

据《乐东县志·卷十七·军事》第二章记载："1932年春，林克泽、陈文光、陈世德领导的莺歌海游击队，在陈垂斌领导的乐罗地区农民武装的配合下，对作恶多端的莺歌海民团发起进攻，团长吴多堂、副团长方永和抵挡不住，狼狈逃跑。莺歌海的革命势力从此发展壮大。"1932年，广东省国民党政府发布通缉令追捕陈垂斌。国民党陈汉光部联合王鸣亚的反动民团，疯狂地"围剿"陈垂斌及其领导的特别武装队。据《中国共产党三亚历史（第一卷）》第二编第六章记载："敌陈玉光部在'围剿'崖县东部地区共产党组织和红军之后，又奉陈汉光之命，挥戈直下崖县西部，主要目标是'围剿'乐罗村的陈垂斌和崖西红5连。"1933年3月，陈垂斌在战斗中负伤被捕。面对敌人的严刑拷打，他坚贞不屈，视死如归，拒绝诱降、逼降。1933年3月9日，敌人在望楼港墟下毒药将陈垂斌杀害。1991年5月6日，陈垂斌被海南省人民政府追认为革命烈士。

为了解陈垂斌烈士在琼南的革命活动，省档案局（馆）莫业斌处长请乐东黎族自治县档案馆帮忙查找资料。得知乐罗村环村修建的24座炮楼和山竹树屏障都不存在了，笔者心里感到遗憾，只好放弃实地考察的念头。

陵水县工农军干部学校
校长游济

游济（1901—1928），原名游乃愿，学名成能，海口市琼山区甲子镇昌头村人。1926年考入黄埔军校第四期，参加北伐，任国民革命军营指导员。1927年返琼，参加琼崖革命斗争，任陵水工农军干部学校校长、琼崖工农红军东路总指挥部参谋长。1928年2月，在藤桥战斗中牺牲。

一个鲜为人知的名字

为寻找琼崖早期革命人物，笔者阅读了《广东革命历史文件汇集》。在《黄雍给省委军委的报告琼崖军事组织及装备情况（一九二八年二月二十九日）》一文中，有一段话引起笔者注意："请你火速设法派周士第同志回，因琼崖没有军事领袖，他在琼崖的信仰倒不错。又严凤仪、符亮尚未到，请设法叫他来并请派上、中、下各级干部人才来，因游济打死了，明夏走了，也是等于死了吧，请你火速办！"①其中，"游济"这个名字吸引了笔者。在笔者印象中，游姓是小姓，由于扮演济公的演员是著名的表演艺术家游本昌，游姓为国人所共知。但海南有游姓，则从未听说过。所以，不知道游济是实名还是化名，也不知道他担任什么职务。但是，向省委军委报告他的死讯，说明游济身份不简单。同时，写报告的黄雍，湖南人，黄埔一期生，时任中共琼崖特委常委。报告中所提到的其他几个人：周士第，琼海人，黄埔一期生，南昌起义军第25师师长，时患重病，在香港（后去南洋）治疗；严凤仪，琼海人，黄埔军校教官，回琼崖后任中路红军总指挥；符亮，查无史料；明夏，即刘明夏，湖北人，黄埔一期生，南昌起义军第24师第71团代团长，徐成章牺牲后，接任琼崖工农革命军东路军总指挥，不久离开琼崖，投靠国民党。由此可见，游济也应该是有地位有身份的人。

考虑到游济是军事干部，笔者首先查阅了《琼崖纵队史》。可是，在《中国人民解放军琼崖纵队序列表》中没有查到游济的名字。于是，又详细阅读书中"土地革命战争时期"篇的史料，看到这样的记载："为了巩固陵水革命斗争成果，扩大红色区域，徐成章除派部队追击残敌外，还在东路军指挥部驻地陵城圣殿中，举办'工农军干部学校'，委任黄埔军校毕业生游济为校长。"②原来，游济是工农军干部学校的校长，那么，在琼崖革命缺少军事人才的情况下，游济的地位和作用是非常重要的。

随后，根据黄埔军校毕业生这条线索，笔者查阅了《黄埔军校海南同学录》，确认游济是黄埔军校第四期（1926年1月—1926年10月）毕业生，书中记载：游济，籍贯琼山，别号成能，通信地址为琼州琼山县谭文市南顺号转昌头村③（现海口市琼山区甲子镇昌头村）。为此，笔者决定到游济的家乡走访。

走访甲子镇昌头村

在琼山区委原副书记覃俊的帮助下，笔者联系了甲子镇李南生副书记。他到昌头村找到了游济的侄子，为笔者的采访作了妥善安排，令笔者十分感激。2024年1月20日，笔者和王正春驱车前往昌头村。在村委会副主任游昌国的陪同下，拜访了游济的侄子游久家，受到热情接待。笔者说明来意，便把复印的资料送给他看，随后笔者和游久家（简称"游"）交谈起来。

笔者："请问伯爹叫什么名字？今年高寿？是退休干部还是在家务农？"

游："我叫游久家，今年 83 岁，是长昌煤矿中学退休教师。"

笔者："请问游济是你什么人？"

游："游济是我伯父。我祖父叫游逢春，生下乃愿、乃序、乃业三兄弟。游乃愿是大哥，又名游济。"（随后，他拿族谱给笔者看）

笔者："由于史料记载'游济打死了'，没有写牺牲，请问有关部门有没有确认游济是烈士？"

游："游济是烈士。好像是 1950 年还是1951 年，琼山县给我家送匾，我记得上面右上角写'游济烈士纪念'，中间写'保家卫国'，左下角落款'琼山县人民政府'和时间。"

笔者："海南是 1950 年 5 月 1 日解放，送光荣匾应该是 1951 年。这块匾还在吗？"

游："这块匾还在，但几十年过去了，字都脱掉了。"（随后他拿出这块木匾给笔者

拍照）

笔者："游济参加革命前，在家乡的情况，你知否？"

游："听祖父和父亲讲，游济伯父很聪明，会读书。他在昌头村小学毕业，考取琼崖中学。毕业后立志从军报国，考入黄埔军校。他的字写得很工整漂亮，他的外祖是定安县的，他曾到定安县城为人写招牌。"

笔者："游济是什么时候回海南参加革命的？"

游："具体的时间我不清楚，但听老人讲，他回海南后，曾在谭文一带参加农民运动。"

笔者："游济参加琼崖工农革命军后，担任什么职务？"

游："不清楚，只听说他在琼崖特委做秘书。"

笔者："游济是什么时候牺牲的？"

游："家里人听邻村有个参加革命的人

回来说，游济是在藤桥打仗时牺牲的，尸体埋在一座祠堂后面。"

笔者："家里人得知消息后，有没有去藤桥认领游济遗体？"

游："没有。当时兵荒马乱，还在打仗，路途又远，没有去藤桥。"

笔者："游济有没有什么遗物？"

游："有一个部队练兵时用的哨子。但前段时间收拾房子，不知道放在哪里了。"

笔者："要把哨子找出来，这是游济唯一的遗物，要好好保管，传给子孙后代，或者送给海南省档案馆保存。"

游："还是家里保存，留个念想吧！"

笔者："（海南）解放后，你家有没有领到游济烈士的抚恤金？"

游："领到。游济牺牲后，伯娘改嫁。（海南）解放后政府发抚恤金，是游济的父亲领的。最后一次领抚恤金是一九八几年。"

笔者："游老师，你说的这个情况很重

要，你家领过抚恤金，说明有关部门有游济烈士的档案材料。过去是民政局管，现在是退役军人事务局管。我回去后，会再查阅游济烈士档案，以便全面准确地记录游济烈士的事迹。"

解读《游氏族谱》

《游氏族谱》记载："乃愿，逢春长子，学名成能，字学孔，号才卿。琼山师范完科毕业，又名济。广东黄埔军官学校政治科毕业。第15军第3师第9团第2营营部政治指导员，受职上尉。随军北伐。娶定邑苏乙吴氏。愿生光绪辛丑年九月初四日申时。"（文中标点符号为笔者所加）经核查历史资料：光绪辛丑年，即清光绪二十七年，为1901年。定邑苏乙，为今定安县龙湖镇桐村村委会苏乙村。1916年，琼山县立中学小学部改为琼山县立师范学校。1927年，琼山县立师范学校与琼山中学合并。国民革命军第15

军，其前身是北洋军阀所属鄂军暂编第2师。1926年9月初，吴佩孚委任师长刘佐龙为湖北省省长兼武汉防御总司令。同月6日，刘佐龙在北伐军的强大攻势下献汉阳城投降，被任命为国民革命军第15军军长，共产党员耿丹为党代表兼政治部主任。该军隶属于第3纵队参加北伐作战。

综上所述：游济，原名游乃愿，1901年农历九月生，为游逢春长子，其妻吴氏是定安县苏乙村人。游济从琼山师范毕业后，于1926年1月考入黄埔军校第四期政治科，同年10月毕业，任国民革命军第15军营部指导员，上尉军衔，随军参加北伐。

这里需要说明的是：武汉国民政府于1927年4月18日誓师北伐，当时蒋介石已在上海发动四一二反革命政变。武汉国民政府为防止刘佐龙倒向蒋介石，任命共产党员耿丹兼第15军副军长。北伐军经过1个多月作战，6月占领开封，把张作霖的奉军驱出河南，第二期北伐胜利结束。7月15日，汪精卫在武汉政变。8月9日，刘佐龙在蒋介石授意下，杀害耿丹。时任国民革命军总指挥唐生智，以擅自杀害副军长耿丹的罪名，逮捕查办刘佐龙，部队改编。据此分析，游济是此时离开军队，返回琼崖投身革命。

同时，笔者对游济"在琼崖特委做秘书""在藤桥打仗时牺牲"的说法，考证了相关历史资料。1927年11月，为配合攻打陵水县城，琼崖特委命令工农革命军东路军总指挥徐成章率部驰援陵水，派陈垂斌常委带领一批党政干部到陵水帮助建立地方政权。据《琼崖英烈传》第四辑《陈垂斌》一文记载："当时琼崖特委授命陈垂斌、王业熹、游济等前往陵水指导建党建政工作。"④在3位党政军领导中，陈垂斌是特委常委，王业熹是共青团特委书记，游济应为军界领导，任军委委员或特委秘书。他们到陵水后，陈垂斌指导全面工作，立即恢复陵水县农民协会，黄振士为主席；重建中共陵水县委，许邦鸿为书记；成立陵水县苏维埃政府，王业熹任主席；创建陵水工农军干部学校，游济任校长。由此可见，游济"在琼崖特委做秘书"的说法，是有一定根据的。

关于游济在藤桥牺牲的说法，据陵水"藤桥保卫战"史料，1928年1月，琼崖工农革命军东路军奉命调离崖县，北上攻打万宁县城。同年2月，国民党崖县县长王鸣亚集结力量，2次进犯藤桥，与我军展开激战，最终我军击退了敌人的进攻。而黄雍给省委军委的报告，其落款日期是1928年2月29日，因此，游济在藤桥牺牲的说法，也是可信的。

陵水工农军干部学校

据历史档案《中国共产党陵水历史（第一卷）》第二编第六章记载："1927年12月17日，陵水工农革命军干部学校在陵城文庙圣殿（今椰林中心小学内）创办，委任黄埔军校毕业生游济为校长。……典礼由校长游济主持，陈垂斌代表中共琼崖特委宣布陵水工农军干部学校成立，琼崖东路工农革命军总指挥徐成章讲话。……陵水工农军干部学校设置党义、时事和军事3门主课。党义课主要讲马列主义的基本原理，讲马克思、恩格斯的故事，讲列宁与十月革命及中国共产党的性质与奋斗目标等。时事课主要讲国内外工农运动、苏联的苏维埃运动、海陆丰的苏维埃运动以及琼崖的革命斗争，也讲民族团结问题。这些课由黄振士、王业熹、王家秀讲授。军事课实行课堂讲解与野外练习相结合的教学方式，课堂主要讲军事训练要素、规范、战略战术以及各种常用武器的维修和使用，这些课主要由徐成章、刘明夏、王昭夷讲授；野外训练主要由各连长带队到扇园坡实地练习，练习的项目有队列、投弹、刺杀、射击等。军校每天还要教唱《国际歌》等革命歌曲，以熏陶官兵们的革命情操。游济校长对办校工作认真负责，一丝不苟。他既上党义、时事课，又上军事课。由于他的马列主义理论水平高，军事知识扎实，革命经验丰富，所以每堂课都讲得具体生动。他还常常以自身的经历对学员们进行阶级教育和爱国主义教育，阐明国家民族的前途和个人关系是'国家兴亡，匹夫有责'，从而唤起了学员的爱国热情。陵水工农军干部学校是琼崖最早的红军军事干部学校，培养和造就了一大批革命人才，他们在今后的武装斗争中发挥了骨干作用。"

据历史档案《中共琼崖特委给省委的报告（一九二七年十二月二十七日）》记载："陵水县：我们已经夺取全县政权，召集工农兵代表建设新的县政府。……此外，另设工农军干部学校，训练工农武装干部人才，以期扩大工农武装组织，而巩固陵水县苏维埃政权。"⑤起初，军校只训练陵水农军骨干，后来扩大为全琼军事干部，先后共培训了500余人，为琼崖武装斗争二十三年红旗不倒作出了很大贡献。

革命烈士证登记表

根据游济烈士侄子提供的线索，海南省档案局（馆）莫业斌处长，请海口市琼山区档案馆帮忙查找游济烈士的档案材料。几经周折，找到了1983年游济妻子吴淑芳（时年84岁）填写的《换发、补发革命烈士证登记表》。

登记表外左上角有文字说明："五七年搞定期补助，每月领到补助款。"表外右上角，是经办人王声兴1983年10月10日批字："1967年底有名单，烈士待审查花名册……"登记表内的右下角，是琼山县人民政府批示："直系，同意补发证。"落款时间是1983年12月22日，并加盖公章。

从登记表的内容看，游济是1927年参

加革命，中共党员，1928年2月15日在陵水县战斗牺牲。令人惊喜的是，游济牺牲前所在单位职务是"红军参谋长"，也就是说，游济已由军校校长，提拔为红军参谋长。可是，在琼崖工农红军序列表中，却没有游济的名字。据《琼崖纵队史》记载，1927年11月中旬，琼崖特委将讨逆革命军改编为工农革命军。其中，东路总指挥部由徐成章为总指挥、党代表兼参谋长。1928年2月4日，徐成章在战斗中牺牲。不久，工农革命军改编为工农红军，但具体哪一日改为红军不清楚。据史料记载："二月十四日，特委曾组织发动了一次规模巨大的中原暴动。当夜上级一声暴动令下，四、五千人赶到新坡集中，分头向中原呐喊前进。红军及赤卫队则负责警戒加〔嘉〕积和乐城来援之敌。"⑥由此证明，1928年2月14日前，工农红军已改编完成。据此分析，徐成章牺牲后，工农革命军随即改编为红军，东路总指挥是刘明夏，参谋长是游济。但游济尚未到任，于2月15日在藤桥战斗中牺牲。随后，刘明夏擅自离开琼崖。因此，黄雍于1928年2月29日向省委军委报告"游济打死了，明夏走了"。

而接任东路总指挥的梁秉枢是2月底才回琼崖的，如史料记载："二月底，省委派曾参加广州起义的第四军警卫团团长梁秉枢回琼工作，并指定他当特委委员。"[7]由此可见，史料记载的琼崖工农红军序列名单，是2月底的情况，因此也就没有改编红军时任职的刘明夏、游济的名字。综上所述，游济烈士证登记表上的"红军参谋长"，应为琼崖工农红军东路总指挥部参谋长。

注：

①中央档案馆、广东省档案馆编《广东革命历史文件汇集（中共琼崖、南路特委文件）（一九二七——一九三五）》，1983，第74页。

②琼崖武装斗争史办公室编《琼崖纵队史》，广东人民出版社，1986，第21页。

③林芳华编著《黄埔军校海南同学录》，中国海洋

大学出版社，2021，第 15、227 页。

④中共海南省委党史研究室、海南省民政厅编《琼崖英烈传（第四辑）》，海南出版社，1992，第 45 页。

⑤同上①，第 1—2 页。

⑥同上②，第 27 页。

⑦同上②，第 31 页。

曾任中共湖北省委常委的符向一

符向一（1902—1928），原名符福山，海口市琼山区大坡镇文官园村人。1925年加入中国共产党，1926年2月，任中共琼崖特别支部委员，成为琼崖革命早期领导人之一。随后参加北伐，1926年底赴湖北省从事革命活动。1927年先后领导鄂南暴动和黄麻起义。1927年12月，任中共湖北省委常委。1928年3月，在武汉被捕牺牲。

投身琼崖革命

符向一，1902年出生于琼山县文官园村一个贫农家庭。在在新加坡做小生意的叔父的支持下，上文官园小学读书。聪明好学，成绩优异，有"过目成诵"之美誉，深受老师同学的称赞。琼崖中学毕业后，于1924年考入上海东华大学，与在上海读书的琼籍学生许侠夫、陈秋辅等人一起创办《琼崖讨邓月刊》，揭露封建军阀的罪行，传播马克思列宁主义思想。同年，与王文明、陈垂斌、叶文龙、罗文淹、黄昌炜、周逸、郭儒灏等组织琼崖新青年社，出版《琼崖新青年》（半月刊），并为杂志撰写文章。1925年加入中国共产党，同年5月参加五卅运动。

1926年1月，符向一随国民革命军渡琼讨伐反动军阀邓本殷。2月，担任中共琼崖特别支部委员、共青团琼崖特别支部书记，被委派组织共青团琼崖地方委员会，同时担任广东省农民协会琼崖办事处书记。5月，前往临高县指导筹备建立中共组织，还到琼山县、澄迈县开展农民运动。后离琼参加北伐战争，代表广东农民协会随军宣传，并发展两湖（湖南、湖北）的农民组织。1926年底，符向一奉命到湖北开展革命工作。

组织鄂南暴动

1927年，蒋介石在上海发动四一二反革命政变。不久，汪精卫在武汉策动七一五反革命政变，下令"清党"，取缔工会、农会等革命群众组织，不少共产党员和革命群众惨遭杀害。为反抗国民党反动派，中共中央于1927年8月7日在武汉召开了紧急会议（史称"八七会议"），决定发动以湖南、湖北为中心的各省农民秋收暴动。同时，中共中央派毛泽东去湖南领导秋收起义。中共湖北省委派符向一去领导鄂南暴动，在特委成立前，全权指挥工作。需要说明的是，《鄂南农民暴动计划》是中共中央领导瞿秋白、李维汉、罗亦农参与研究制定的，并把组织鄂南暴动的历史重任交给符向一。

符向一随北伐军攻占武汉后，留在湖北工作，积极投身湖北农民运动。1927年3月，湖北省第一次农民代表大会召开，代表会员 81 万余人，中共中央农民运动委员会书记毛泽东等 8 人为名誉主席，符向一等 17 人被推选为执行委员。湖北省农协设 6 个部，符向一为调查部部长。会议期间，毛泽东同志会见了全体代表，并作了重要讲话，极大地调动了符向一等代表的革命积极性。至同年 6 月，湖北全省农协的会员发展到 284.2 万余人。因此，中央和省委派符向一去鄂南组织农民暴动。

据湖北历史档案《中共湖北省委关于湖北农民暴动经过之报告（一九二七年十月）》记载："省委自决定湖北农运策略后，即于阳历八月初派苻〔符〕向一赴鄂南，令其在该区特委未组织成立以前，全权指挥该区工作。"[①]1927 年 8 月初，符向一带领暴动组织者 46 人奔赴鄂南，其中农运干部 40 人、军事干部 6 人。正在武昌中山大学读书的罗荣桓成为鄂南暴动的其中一名组织者。符向一等人到达蒲圻后，在月山庙召集党员干部会议，传达中央八七会议精神和省委秋收暴动计划，随后把大家分派各县，指导建立暴动委员会，建立农民武装，惩办土豪劣绅，夺取地主武装的枪支弹药，攻占城镇。8月10日，符向一到崇阳召开县委紧急会议，传达鄂南秋收暴动指示。8月14日，崇阳农军在洪下劫船，夺取地主武装的枪支弹药，打响鄂南秋收暴动第一枪。8月20日，崇阳、通城两县暴动委员会在通城举行暴动，夺取县城，宣布成立崇阳通城农民自卫军，罗荣桓、王武扬分别担任党代表和总指挥。随后宣布成立通城县劳农政府，朱春山任主席。8月下旬，通山县各乡村先后暴动，30日占领县城，建立通山县工农政府委员会。

符向一主持鄂南暴动工作，得到两任省委书记罗亦农、陈乔年的充分肯定。其间，崇阳、通城、通山等条件成熟的县率先发动较大规模的农民暴动，拉开了鄂南秋收暴动的序幕，为鄂南特委成立和鄂南总暴动打下了很好的基础。对此，中共中央党史研究室原副主任石仲泉说："作为开辟湘鄂赣苏区前奏的鄂南三县秋收起义，可以说打响了全国秋收起义的第一枪，奏响了以毛泽东为代表的中国共产党人探索中国特色革命道路的革命交响乐的第一串音符。"

1927年8月26日，中共鄂南特委成立，湖北省军委书记吴德峰任书记，符向一等为委员。当时，敌两个团向通城扑来，形势危急。符向一临危受命，去通城指导工作。据历史档案记载：9月8日，中共鄂南特委向省委报告，"（通城、崇阳农军）离开前一日，向一就至该处"②。即9月3日，符向一抵达通城，与大家共同分析敌强我弱的情况，同意农军撤出通城。9月4日，罗荣桓等带领崇阳、通城农民自卫军到江西修水集结，编为工农革命军1师1团警卫连，参加毛泽东领导的湘赣边界秋收起义。罗荣桓后来成长为中华人民共和国元帅。

9月9日，农军在中伙铺车站劫军运火车，鄂南总暴动开始。随后，鄂南特委决定第二天将特委机关移至新店。由于驻在新店的"人民自卫军"叛变革命，特委机关及随行人员刚到新店，便遭到伏击，符向一奋勇还击，冲出重围，死里逃生。回到省委后，符向一奉命带队三返鄂南失败，最后一次遇险，几乎全队牺牲。10月13日，通山县工农政府委员会机关和农军主动撤出县城，鄂南秋收暴动失败。

领导黄麻起义

1927年10月底，省委任命符向一为中共黄麻特委书记，组织领导黄麻起义。据历史档案《中共湖北省委常委向湖北省委扩大会的报告》记载："省委曾于□月□日派符向一同志担任黄麻区特委书记工作。"③当时，黄麻地区处于白色恐怖之中，仅黄安县被通缉的共产党员就有92名，首位是董必武。中共黄安县委转移到七里坪，中共麻城县委转移到乘马岗。因此，符向一到达黄安后，首先恢复党团组织。

11月3日，符向一在七里坪文昌宫第二高等小学召开黄安、麻城两县党团活动分子会议，成立中共黄麻区特委和鄂东革命委员会，符向一任特委书记，刘镇一为革命委员会负责人；同时改组了黄安县委，由党团合组1个县委，王志仁任书记。会上，符向一对暴动准备工作进行部署。会后，两县县委负责人和一批坚定勇敢的党团员分别下到各区，组织发动群众，准备武装暴动。当时，王秀松、詹才芳、李先念等同志，分别在黄安县高桥、桃花等区组织武装起义；王树声、陈再道等同志在麻城县乘马区（今麻城市乘马岗镇）准备武装起义。同时，两县党组织派人到武汉，通过董必武购买枪支弹药。

11月9日，黄麻特委在七里坪召开暴动

宣誓大会。"宣誓大会后。符向一起草了宣言，提出'以革命继续革命，以革命发展革命''打到武汉去''打到南京去''耕者有其田''一切被压迫被剥夺的人联合起来'等主张，并在邮政局七里坪代营所发快邮快电，将宣言寄送省城。"④11月11日，符向一在文昌宫召开了第二次会议。会议认为武装暴动已准备就绪，决定夺取黄安县城。遂成立黄麻暴动行动指挥部，由潘忠汝任总指挥，吴光浩为副总指挥。

11月13日，暴动开始，吴光浩带领突击队首先攻城，在城内尖刀班的配合下，攻下北门。随后突击队直冲东门，打开城门，成千上万的农民冲进城里，黄麻起义胜利了！直到黄麻暴动时，动员起来的农民群众约20万人，配合自卫军攻城的武装农民2万余人，实际上黄麻当时所有的人都动员起来了，男的、女的、老的、少的，都出动了，呈现天翻地覆、势不可遏的群众暴力革命。

当时流传的一首歌谣，就是对农民暴动的生动写照："小小黄安，真不简单。铜锣一响，四十八万。男将打仗，女将送饭。"

11月18日，黄麻特委召开万人大会，宣布成立黄安县农民政府。在政府主席曹学楷和鄂东革命委员会代表刘镇一讲话后，符向一发表演说，说明此次暴动是中国共产党领导的，并报告本党的暴动政策，告诉工农阶级只有中国共产党能为他们谋解放，只有中国共产党是工农救苦救难的菩萨，中国共产党欢迎劳苦农友入党。当时在会场报名入党者数十人。随后，黄麻特委召开了庆祝中国工农革命军鄂东军建军大会，特委书记符向一宣布将黄麻两县农民自卫军改编为工农革命军鄂东军，这标志着中国共产党领导的人民军队在荆楚大地诞生了，为创建红四方面军打下了基础。随后，符向一去麻城等地巡视，推动了麻城等地革命形势的发展。

黄麻起义的胜利，震撼了武汉等地的敌

人。为了扼杀新生红色政权，12月5日夜间，国民党12军教导师突然奔袭黄安县城。在激战4个多小时后，鄂东军突围出城。鄂东军总指挥潘忠汝、黄安县委书记王志仁等壮烈牺牲。此后，麻城县委书记蔡济璜、第2路军党代表刘文蔚亦相继被捕，英勇就义。12月下旬，中共黄麻特委和鄂东军的领导符向一、吴光浩、戴克敏、曹学楷等同志，在黄安县的北乡木城寨举行会议。对吴光浩提出的到木兰山去活动的建议，大家一致赞成，从而保存了革命火种。会后，符向一取道麻城返汉，向省委汇报黄麻暴动和鄂东军的情况。

当吴光浩带领鄂东军于1927年12月29日到达木兰山时，接到中共湖北省委指示，1928年1月1日，工农革命军第7军正式成立，吴光浩任军长，戴克敏任党代表，汪奠川任参谋长。第7军以木兰山为中心，开展武装斗争。

符向一牺牲前后

1927年12月14日，中共中央政治局常委、湖北特委书记苏兆征召开湖北省委扩大会议，重新选举中共湖北省委，恢复省委职权。符向一在没有参加会议的情况下，被中央任命为中共湖北省委常委，化名胡一，负责指导农村武装斗争。1928年3月，因叛徒出卖，中共湖北省委机关被敌人破坏。符向一和夏明翰（共和国100位英模之一）、向警予（共和国100位英模之一）等310多人先后被捕，在武汉英勇就义。为此，现将符向一烈士牺牲前后的情况解读如下。

1928年5月8日，中共湖北省委原书记刘伯庄在《刘伯庄对中央给其处分的申诉》中写道："如果向一被捕了，省委只有我一人，我走了省委工作自然要委托汉口市委暂代……当时并没说他马上代理省委工作，还说如果向一未被捕，当然不成问〔题〕，还是向一代理书记，且交有钱要他转向一。到第二天知道向一未被捕，且会着了向一，又才同向一谈，当然与昆庸[锟镛]谈的话完全无效……"⑤意思是说，3月18日夏明翰常委被捕后，准备离汉去沪的省委书记刘伯庄同汉口市委的霍锟镛说，如符向一常委也被捕，由霍代理省委工作；如符向一未被捕，则由符代理省委书记。3月21日，刘伯庄准备离汉的当天下午见到符向一，谈了代理书记的事。不久，符向一被捕牺牲。

符向一牺牲后，1928年5月，《中共湖北省委给中央的报告》中记载："九、湖北的党在三月五号以后，由省委负责人起一直〔到〕下层下级党的支部，可以说几乎完全被屠杀。不但党如是〔此〕，而C.Y.亦如此，三月五号，C.Y.省委秘书处破坏起，到四月二十五号止，每日平均在武汉三镇枪决的同志有'六人'，党团牺牲了的干部在三百一十几人以上。符向一、夏明翰、黄赤光（省委常委）、马俊三（汉市书记）、魏人俊（武市书记）、任开国（省委秘书长）、石炳乾（京汉区书记）、刘镇一（鄂中特委常委）、向警予（省委宣传科长，女同志）……陈宝山（汉市常委）等都在此时牺牲的。"⑥

这里需要说明的是，关于符向一被捕牺牲的时间，据刘伯庄记述，他"走的以前第三天下午会着向一"，知道向一晚上"必去找明翰"，"当动身的那下午，向一亲到我的地方来"⑦。史料记载，夏明翰是3月18日被捕的，以此时间推算，刘伯庄与符向一最后会面的时间是3月21日下午。因此，符向一牺牲的时间是3月下旬。

注：

①中央档案馆、湖北省档案馆编《湖北革命历史文件汇集（一九二六年——一九二七年）》，1983，第143页。

②同上，第149页。

③中央档案馆、湖北省档案馆编《湖北革命历史文件汇集（一九二七年——一九二八年）》，1984，第49页。

④红安县委党史资料征编委员会编《黄麻起义》，武汉大学出版社，1987，第161页。

⑤中央档案馆、湖北省档案馆编《湖北革命历史文件汇集（一九二八年）》，1983，第336页。

⑥同上⑤，第377—378页。

⑦同上⑤，第335页。

曾任中共福建省委书记的
王海萍

王海萍（1904—1932），原名王朝鸾，字翔林，海口市秀英区长流镇堂善村人。1925年加入中国共产党，1926年参加北伐战争，1927年参加南昌起义，后奉调福建省从事革命工作。历任中共闽南特委委员，中共福建临时省委常委兼宣传部部长，中共闽西特委书记、闽西暴动总指挥、闽西红军总指挥，中共福建省委常委兼军委书记。1931年，任中共福建省委书记，中共厦门市委书记兼军事部部长。1932年夏，在厦门被捕牺牲。

从五四运动走上革命道路

王海萍，1904年5月1日生于乡村教师

家庭。1917年秋，王海萍在传桂村储英小学毕业后，考入琼崖中学。这一年，考入琼崖中学的有乐会县的王文明、文昌县的叶文龙、澄迈县的洪剑雄，琼东县的杨善集是1915年秋考进该校读书。

1919年，五四运动爆发。5月7日，府海地区学生会接到北京学生联合会通电，大家对北洋政府的卖国行径无比愤怒。琼崖中学、琼山中学、华侨中学、匹瑾女子中学等学校学生1800多人，聚集到琼崖中学大礼堂开会，琼崖中学学生郑兰积登上讲台，宣读北京学生联合会通电。学生代表义愤填膺，纷纷登台发言，声讨北洋政府的卖国罪行。集会决定次日上午前往海口游行示威，声援北京学生的正义斗争。王海萍按照校学生会领导王文明的部署，积极投入游行示威的准备工作。他买回彩色纸张，和同学们一起书写传单，制作横幅大标语，剪裁手持的各色小旗子，一直忙到凌晨。翌日，王海萍满怀爱国热情参加游行示威，他一边高呼口号，一边向民众散发传单。然后按照分组分工，王海萍深入小街小巷，向市民宣讲巴黎和会的内容，揭露帝国主义侵略中国的阴谋，唤起民众的正义感、爱国心。5月18日，琼崖十三属学生联合会成立，钟衍林为理事长，王文明、杨善集、陈垂斌等为常务理事。5月20日，琼崖学联组织琼籍学子在琼崖中学操场举行郭钦光追悼大会，悼念五四运动中殉难的在北京大学读书的文昌籍学生郭钦光，会后游行示威。接着，琼崖学联成立抵制日货委员会，王文明任会长，杨善集为委员兼宣传队队长。王海萍参加了宣传队，在杨善集的领导下开展宣传工作。他走街串巷，宣传抵制日货，为"爱国布"摇旗呐喊。为了达到更好的宣传效果，他编写白话剧《试看今日卖国贼之下场》，自导自演，收到了很好的效果。经过五四运动的洗礼，王海萍得到很好的锻炼，思想认识有了进一步提高，特别是宣传工作实践，为将来的革命生涯打下了扎实的基础。

1922年秋，王海萍中学毕业，决心北上求学，追求自由民主，探索救国救民的真理。在途经广州登记住旅店时，他想到北洋军阀镇压学生运动，将来的路风云莫测，为不连累家庭，亦表达自己的志向，他将"王朝鸾"改名"王海萍"，即行不改姓，保留"王"姓；不忘家乡，取海南的"海"字；追求自由，取成语"鸥波萍迹"的"萍"字。此后再也没有用过"王朝鸾"的原名，以至后来很长一段时间人们不知道王海萍烈士是谁。到上海后，经过一个月的培训，王海萍考上了沪江大学，后转读东华大学，开始接受马克思主义，积极参加学生运动，参加五卅运动。不久，由叶文龙、陈德华介绍加入中国共产党。

1926年4月，党组织派王海萍到国民革命军第4军从事政治宣传工作，随军参加北伐。1927年8月1日，王海萍随军参加南昌起义。同年10月3日，起义军中共前敌委员会，在普宁流沙举行会议，史称"流沙会议"。会议决定，武装人员突围去海陆丰，坚持军事斗争；非武装人员疏散撤退，保存力量。同时，党组织选派优秀干部到各地农村去开展农民运动。王海萍被派到福建工作。

领导闽西暴动

1927年10月中旬，王海萍抵达漳州，被任命为中共闽南特委（后改称"中共闽南临时委员会"）委员。同年12月4日，中共福建各县负责同志联席会议暨中共福建临时省委大会在漳州召开，选举产生省临委9名执行委员及5名常务委员，陈明任书记，王海萍当选为执行委员、常务委员。1928年2月10日，省临委举行第二次全体会议，选举产生新的常委5人，分别为罗明、陈祖康、王海萍、许士淼、陈昭礼，罗明任书记，王海萍兼宣传部部长。

根据党中央八七会议精神，闽西各县党组织认真贯彻省临委的决议，大力发展农会和秘密武装，积极为武装暴动作准备。经过广泛发动、充分准备，闽西暴发了大规模的农民暴动。

1928年3月4日，经中共龙岩临时县委批准，后田村农民当晚举行暴动，带动周边村庄也相继暴动。3月8日（原计划2月28日），中共平和临时县委组织数千名农民暴动，攻入县城。6月25日，中共上杭县委在蛟洋村举行武装暴动，与福建省防军和民团展开激烈战斗。6月29日，中共永定县委领导了以溪南为中心的全县大暴动，围攻县城3天。这些暴动，史称"闽西四大暴动"。这些暴动给封建军阀与地主阶级以沉重的打击，显示了农民阶级的强大战斗力。省临委认为，这些暴动是整个闽西暴动的开始，拉开了福建总暴动的序幕。1928年7月3日，省临委举行扩大会议，研究制定暴动割据、夺取政权的总方针。同时，决定成立中共闽西特委。会后，王海萍带领10人到闽西组织暴动。7月15日，王海萍在永定县金砂乡古木督村崇德楼主持召开了上杭、永定、平和、龙岩4个县委的负责人会议，宣布成立中共闽西特委，王海萍、郭慕亮（郭一平）、张鼎丞、邓子恢等9人为执行委员，王海萍任特委书记。

会议宣布成立闽西暴动委员会，王海萍任总指挥，张鼎丞、邓子恢、傅柏翠为副总指挥；会议决定成立闽西红军第7军第19师，总指挥王海萍，副总指挥张鼎丞、邓子恢、傅柏翠。会后，9000多人的农民暴动武装整编为3个团：龙岩白土、上杭蛟洋的农民武装编为第55团，团长傅柏翠，党代表陈锦辉；永定金丰、上湖雷的农民武装编为第56团，团长熊振声，党代表卢肇西；永定溪南里的农民武装编为第57团，团长张鼎丞，党代表邓子恢。

会后，王海萍主持制定了《闽西秋收暴动行动方案》，并深入太平区委，指导成立太平里暴动委员会，参与制定《太平里秋收暴动计划》，整编农民武装为农军，配备武器，开展军事训练，为秋收暴动作准备。同时，王海萍指示傅柏翠团长、陈锦辉党代表率第55团开赴永定县的坎市、高陂、培丰集结。1928年8月4日，王海萍指示第55团，帮助当地农民武装举行太平里秋收暴动，捉拿土豪劣绅，没收地主豪绅财产，揭开了闽西秋收暴动的序幕。尔后，王海萍、傅柏翠与简祥明、林梅汀分别率领第55团和太平里的暴动武装开赴龙岩后田，与当地农民武装一起，于8月5日举行白土暴动，击毙了为非作歹的地主及其爪牙，没收了反动地主的财产，烧毁了民团头目的楼房。8月6日，王海萍、傅柏翠等率领上杭、永定、龙岩三县暴动武装600多人，分两路进攻龙岩城。由于敌人火力太猛，城墙坚厚，两路农军均被阻于城下，战斗约半小时后，暴动武装被迫撤回后田。随后，王海萍与傅柏翠等率部转回永定，计划攻打驻坎市之陈国辉部，解决给养问题。8月8日，三县暴动武装分三路进攻坎市。因敌人早有戒备，且各路农军道路不熟，未能按计划协同作战，以致伤亡甚多，再次受挫。王海萍、傅柏翠决定率白土、蛟洋的暴动队伍到合溪宿营，然后返回溪南苏区。当队伍行抵距合溪约500米时，遭到民团的袭击，只好连夜行军，一直开赴金砂，与张鼎丞、邓子恢部会合。林梅汀、简祥明则带领太平里暴动队伍，留在当地坚持开展游击战争。

8月中旬，张鼎丞、傅柏翠率领闽西红军第55、57团开赴丰稔一带活动，配合李立民等率领农军举行丰稔农民武装暴动，并积极筹备建立苏维埃政权。8月下旬，张鼎丞、熊振声、卢肇西率领第56、57团的红军500多人攻打古竹、岐岭、下洋等地的反动民团，出击平和县五坎区，镇压反动地主豪绅。由于闽西红军缺乏武器弹药和作战经验，敌强我弱，部队不断遭到敌人的围追打击。为此，中共闽西特委研究决定，暂时收缩力量，停止大规模的武装斗争，将各县队伍开回原地坚持斗争。这些部队在各地坚持游击战争，以后成为红4军第4纵队的骨干力量。

致力人民军队建设

1929年5月，王海萍任福建省委常委、军委书记。他主持福建省军事斗争期间，在中央军委的指导下，广泛发动人民群众，相继组建了红9军、红12军、红20军、红21军、新红12军，有力地支持了红军队伍建设，为人民军队的发展壮大作出了很大的贡献。

1929年5月19日，毛泽东、朱德率领红4军第二次入闽，经长汀古城、四都、濯田，于水口跃过汀江，在龙岩、上杭、永定打出了一片天地，为开辟中央苏区画上了浓墨重彩的一笔。六七月间，朱德军长到连城新泉传达红4军前委决定，宣布红4军第4纵队正式成立，由闽西暴动武装870多人组建为第4纵队，委任傅柏翠为纵队队长，李任予为政治部主任兼党委书记。在宣布决定前，朱德会见王海萍，代表红4军前委表扬了福建省委卓有成效的工作——发动农民武装暴动，建立苏维埃政权，源源不断地补充党的武装斗争队伍，扩大了红军的力量。朱军长的表扬，使王海萍受到很大的鼓励和鞭策。

1930年1月红4军第4纵队转战江西后，根据省委、军委的指示，闽西苏维埃政府军委于同年3月底成立红军第9军；5月，中共中央给福建省委、军委指示，红9军改称中国工农红军第12军。就如何做好扩大红军工作，王海萍在《福建军委关于闽西、闽北红军工作问题给中央的报告（一九三〇年六月十九日）》中写道："闽西红军在这个形势下，对于中央扩大红军的指示，当然是彻底的〔地〕应加以执行。马上很实际的〔地〕编成三师，一、二两师以固有十二军之六团加以补充，第三师则以二十军全部编成与第四军之第四纵队互相掉换。二十军名义亦马上取消。只有十二军一军在目前能充实就够了，空招牌决计不要多挂。……我们应坚决的〔地〕将闽西各县的赤卫队集中起来补充到红军里面去。但赤卫队的组织仍然不能取消，要吸收新的分子再行组织，尤其是要组织广大的在业农民的预备队，一样的要有计划的〔地〕要施以很好的军事训练。这样一方面可以源源不绝的〔地〕补充红军，另一方面可以变为保护广〔闽〕西政权。"①对此，毛泽东同志于1930年1月5日，在《星星之火，可以燎原》中指出，

"扩大人民武装的路线是经由乡赤卫队、区赤卫大队、县赤卫总队、地方红军直至正规红军这样一套办法的"[②]。王海萍正是坚决贯彻了毛泽东同志的指示，用这套办法为中央红军的壮大发展作出了巨大的贡献。1934年10月，从中央苏区出发长征的中央红军有8万余人。其中26000人左右是闽西子弟兵，长征到达陕北时，仅剩下2000余人。在著名的湘江战役中，掩护主力红军渡江的红5军团第34师5000名闽西子弟兵，只幸存140人，史称"绝命后卫师"。在83位闽籍开国将军中，闽西籍有68位，其中上将2位（刘亚楼、杨成武），中将7位，少将59位。

指挥厦门破狱斗争

四一二反革命政变后，福建的中共党组织遭到严重破坏，团省委、厦门市委的一些领导，以及被捕的红军和游击队战士30余人，被关押在厦门思明监狱。1930年3月，福建省委同意王海萍提出的破狱救人计划，并成立了一个5人组成的特别委员会：军委2人，互济会1人，总工会2人，军委书记王海萍担任特委书记兼行动总指挥。特委下成立特务队与接应队，特务队14人，队长陶铸（军委秘书，新中国成立后，任中共中央政治局常委）；接应队16人，队长谢景德。为确保破狱救人成功，王海萍指示一边抓紧购买枪支训练队伍，一边派人继续打探监狱情况，摸清敌人的兵力分布。1930年5月25日（星期天）早上6时，在福建省委书记和王海萍讲话动员后，队伍分别出发。9点30分左右，破狱行动开始。分批混进监狱的特务队，打死狱警，剪断监狱铁门和牢房的铁锁，搀扶着被关押的同志迅速走出牢房，随后由接应队带领他们奔向石市堤打石字码头，登船撤离。厦门破狱斗争仅用了半个小时，拯救革命同志30余人，毙敌6人，我方无人伤亡。国民党中央和行政院责令福建省政府查办，但始终不清楚劫狱的共产党武装是来自厦门岛内还是岛外。第二天，上海的报纸刊发了厦门破狱斗争的新闻，震动全国。1956年，福建华侨作家高云览根据这一史实，创作了长篇小说《小城春秋》，在国内外引起巨大反响。1981年，福建电影制片厂拍摄完成同名电影《小城春秋》，在全国热映，观众观影热情盛况空前。这是后话。

1931年1月，王海萍任中共福建省委书记。同年3月25日，福建省委机关遭到严重破坏，王海萍的爱人梁惠贞（福建省委秘书，琼山县人）等许多同志被捕牺牲。对此，"中央决定不要恢复福建省委，成立福州、厦门二个中心市委来领导闽北与闽南的工作"③。王海萍任厦门中心市委书记兼军事部部长，负责领导厦门本岛、漳州、泉州所属的闽南地区20多个县的党组织。1932年4月，红军攻克漳州，中华苏维埃共和国临时中央政府主席毛泽东，在芝山红楼接见了罗明、王海萍、邓子恢、张鼎丞、陶铸等人。毛泽东的这次谈话，使王海萍对党的建设、苏维埃政权建设和军事斗争，有了进一步的认识。5月1日，在漳州中山公园召开"军民庆祝红军胜利攻克漳州"的大会上，王海萍也作了发言，却暴露了身份。5月25日，由于叛徒出卖和密探指认，王海萍在厦门中山公园被捕。7月，王海萍被秘密杀害。

历史档案的记载

2024年5月30日下午，省档案局（馆）莫业斌、李林峻、陈继齐和笔者一起，前往海口市秀英区长流镇堂善村，参观王海萍纪念馆和王海萍故居，从中受到生动的爱国主义教育，其中历史档案史料给我们留下了深刻印象。

一、王海萍是中共福建临时省委常委

在许多史料记载中，王海萍为中共福建

临时省委执行委员兼宣传部部长，这是不准确的。1927年12月5日，中共福建临时省委成立，据文件记载："第二日（五号）早七时继续开会详细讨论各种问题和决议，当场选出陈明、陈昭礼、罗明、林熙盛、王海萍、蔡珊、[李]联星、葛越溪、陈祖康等九人为临时省委执行委员，陈明、陈昭礼、王海萍、罗明、林熙盛等五人为常务委员，组织福建临时省委于厦门。"④由此可见，王海萍是中共福建临时省委执行委员、常务委员。

二、王海萍是首任中共闽西特委书记

1928年7月3日，中共福建临时省委召开扩大会议，决定成立中共闽西特委，领导闽西暴动，并于7月7日省临委常委会会议当天，派特派员出发去永定，负责召集会议，成立闽西特委、闽西暴动委员会和闽西红军。

由于文件中没有写特派员的名字，故引起人们猜测。据《元和致云光信（一九二八年八月十日）》记载，永定暴动问题，"弟未到·前···派了十个同志以前常委王海萍为领·往永定去"⑤。据悉，元和为中央特派员郑超麟。如将原件缺损字补上并加标点符号，则上文为："弟来到之前，省委已派了十个同志，以前常委王海萍同志为领导，往永定去"。由此证明，派往永定的特派员是王海萍。另据《罗明关于闽西情况给福建省委的信（一九二八年十月十日）》记载，特委问题，"常委自海萍走后补上一平以后又补上子恢，连原来的鼎臣〔丞〕共三人"⑥。也就是说，王海萍和另一常委调走后，郭一平和邓子恢才补为常委，因此，郭一平和邓子恢不可能是首任特委书记，王海萍才是首任中共闽西特委书记。

三、省委对王海萍的评价

值得一提的是，1928年11月下旬，中共福建省委成立，王海萍不任常委，中央准备派他去莫斯科学习。据《中共福建省委关于派赴莫学生问题给中央的报告（一九二八年十二月十三日）》记载："王海萍同志广东人，旧省常委，现省委候补执委，领导过闽西暴动，对党非常忠实，年二十五、六，'五卅'时入党，身体也健全。调离工作颇受影响。省委决定，如彼能找到有相当能力同志来闽工作，可准其去莫，否则仍留闽工作。……又，海萍同志此次去中央完全为报告闽西斗争经过及交涉子弹事，非派其前来准备去莫。"[⑦]经中央同意，王海萍继续留在福建工作。1929年5月，王海萍任福建省委常委。

注：

①中央档案馆、福建省档案馆编《福建革命历史文件汇集（省委文件）（一九三〇年）》，1984，第228—229页。

②毛泽东：《毛泽东选集（一卷本）》，人民出版社，1966，第102页。

③中央档案馆、福建省档案馆编《福建革命历史

文件汇集（厦门市委文件）（一九二九年——一九三二年·上）》，1984，第54页。

④中央档案馆、福建省档案馆编《福建革命历史文件汇集（省委文件）（一九二七年——一九二八年·上）》，1983，第22页。

⑤中央档案馆、福建省档案馆编《福建革命历史文件汇集（补遗）（一九二三年——一九三四年）》，1987，第53页。

⑥中央档案馆、福建省档案馆编《福建革命历史文件汇集（闽西特委文件）（一九二八年——一九三六年）》，1984，第28页。

⑦中央档案馆、福建省档案馆编《福建革命历史文件汇集（省委文件）（一九二八年·下）》，1984，第332—333页。

福建"漳浦事件"中的何鸣

何鸣（1910—1939），万宁市龙滚镇黄竹塘村人。1927年加入中国共产党，任共青团万宁县委书记。1929年，经组织批准去新加坡。1930年回国后，在闽南参加武装斗争，历任红军闽南独立第3团连指导员、中共漳州中心县委书记、红3团团长、闽粤边特委代理书记。1939年，在新4军时被错误处决。新中国成立后，追认为革命烈士。

共青团万宁县委书记

何鸣这个名字，几乎无人知晓。由于他犯过错误，早期在家乡参加革命的情况少有记载。2024年4月6日，笔者和王宏兴、王中坚在瞻仰莫同荣烈士故居遗址后，驱车去到龙滚镇黄竹塘村，寻找何鸣烈士故居遗址。村民们听我们说明来意后，议论纷纷。有的说何鸣是团长，有的说是师长，还有的说《毛泽东选集》上有何鸣的名字，等等。我们笑而不答，因为三言两语无法说清楚。这时，该村的万宁市工商局退休干部何先生，放下手中的活为我们带路。大约沿着村道走了100米，只见路边一块空地，灌木林立，杂草丛生，只剩下半截残墙，这就是何鸣烈士故居遗址。我们停留片刻，感慨万分，默默无语，把残墙拍了下来，作为纪念。何先生告诉我们，可去龙滚农贸市场找何鸣宗亲了解情况。可惜，我们在农贸市场没有见到这位宗亲，只是在电话里和他聊了何鸣的家庭情况。

回到海口，笔者查阅了万宁市党史、县志，均一无所获。一个偶然的机会，笔者看到黄康同志的回忆文章《风雨历程　壮丽人生》，其中有一段关于何鸣家庭情况的记述，顿时如获至宝。现将文章摘录如下：

"从上海到闽南游击区，黄康是从上海坐船到厦门，找到内部交通联系，以上海暨南大学学生身份从厦门坐公共汽车到平和县小溪……当时何鸣带的部队刚好驻在小溪。何鸣是海南人，又名何君熙，初小与黄康是同学，这个人从小很聪明，读书成绩名列前茅。第一次大革命时，他全家参加了革命。1927年'四·一二'蒋介石叛变革命后，琼崖特委在杨善集、王文明、冯平等领导下开始了全琼的革命斗争。何鸣的家乡是海南万宁县龙滚区黄竹塘村，是个革命的保〔堡〕垒村。在琼崖第一、二次国内革命斗争中，何鸣全家人先后牺牲，其母亲死于万宁县国民党监狱中。第一次大革命失败后，何鸣逃到新加坡，接上了组织关系。1930年，何鸣被英帝国主义驱逐出境回到厦门，找到党组织，进入闽粤边特委，参加领导闽粤边的武装斗争。1936年，尹林平调到香港中共南方临时工作委员会，何鸣成为闽粤边武装斗争的主要领导者。黄会聪走后，何鸣兼任闽粤边特委代理书记。黄康一到小溪，立即找到何鸣。黄康是与何鸣一起长大的，相互间比较了解……"①

黄康，万宁市龙滚镇仁造村人。在南洋入党，留学苏联；到闽西南后，在闽粤赣边省委工作，先后任省委宣传部副部长、漳州县委组织部部长，粤北省委宣传部部长、广东区委委员、琼崖纵队副政委。海南解放后，历任中共琼崖区委副书记、海南行政公署主任、广东省民委主任、广东省政协副主席等职。作为何鸣的同乡、同学、战友，黄康关于何鸣家庭情况的介绍应是准确的。

至于何鸣参加琼崖早期革命的情况，福建省党史资料是这样记载的：何鸣，1927年加入中国共产党，曾任万宁县团委书记，积极参加反抗国民党的斗争。大革命失败后，因国民党缉捕，组织上安排已暴露的领导干部撤离琼崖，何鸣逃到了新加坡。

转战闽粤边区

1930年初，何鸣从新加坡回国后，在厦门从事地下革命斗争。翌年5月，奉调入闽南开展农运和游击战。

1932年4月，中央红军进入漳州，何鸣在靖和浦根据地发动群众，实行土地革命，参加武装斗争。闽南工农武整编后，任中国工农红军闽南独立第3团（简称"红3团"）连指导员。1932年底，蔡协民同志调走后，何鸣任中共漳州中心县委书记。1934年8月，中共闽粤边特委成立后，何鸣任特委常委，负责军事。在极其困难的条件下，他始终战斗在闽粤边区。1936年6月，红3团团长张长水牺牲，何鸣接任团长。同年10月，闽粤边特委书记黄会聪赴沪治病并向中央汇报工作，何鸣代理特委书记。

这样，何鸣成为闽粤边党和军队的最高领导人。他为保存革命力量，发展地方武装，打破敌人"围剿"，采取灵活的战略战术，善于分兵发动群众，并能集中兵力消灭敌人的有生力量，出色地指挥红军多次突破敌人的包围袭击，英勇顽强地进行战斗，因此赢得了红3团指战员的信任。同时，他善于宣传群众，组织群众，广泛开展游击战争，使根据地得到巩固发展，因此在群众中享有很高的威望。

据卢胜同志（中华人民共和国中将）回忆："1932年底，漳州中心县委在漳浦县龙岭村召开了总结红三团的战斗经验与教训的军事会议。这是红三团成立以来的第一次。会上，对龙溪、车本两次战斗，因军事冒险的错误而惨败，进行了深刻的批判，同时研讨了恢复和扩大小山城苏区和建立闽南新苏区的问题。会上还传达了中共厦门中心市委的指示，以及市委对蔡协民同志的处分决定。我是在会议结束以后，在红三团团部机关听取漳州中心县委书记何鸣的传达报告。那时，我得到了一个启示，即开展游击战争要讲究战略战术。同时，也进一步明确了红三团的斗争策略。"②何鸣刚接任县委书记，便召开军事会议，总结经验教训，充分体现了他的领导能力和理论水平。

卢胜还回忆道："云和诏中心区根据地建立以来，何鸣于1935年10月代表中共闽粤边特委到诏安检查工作，并研究如何进一步发展云和诏新区的问题。会上，我和吴金政委介绍了独立营和地方赤卫队在乌山地区开展游击战争的情形。特委指示我们：（1）帮助建立云和诏县委，从潮澄饶县委中抽调部分同志到云和诏加强工作；（2）潮澄饶红军游击队向诏饶边境转移，配合独立营开辟云和诏根据地。按照特委的部署，我们以云和诏边区为中心，积极向外扩大根据地。"③这是特委委员、负责军事工作的何鸣，深入第一线指导工作的真实记录。

"漳浦事件"发生经过

1937年2月，何鸣从国民党的《中央日报》上得悉，我党中央提出的"停止内战，共同抗日"的主张已被国民党蒋介石政府所接受，即召开特委扩大会议，决定与国民党157师谈判。经请示中共南委同意后，4月下旬，在平和县的郭坑村举行首次谈判，未达成任何协议。

这里必须指出的是，157师并非真心谈判，团结抗日。5月7日，国民党在平和县的白沙附近，抓捕了何鸣等12人，即时押送到漳州157师部关押。何鸣被捕后，特委指定张敏为代理书记。在我党的通电抗议和严正要求下，157师被迫释放何鸣等人。何鸣回来后，汇报了157师师长黄涛提出的条件：一是红军游击队必须全部停止敌对行动，接受改编，合作抗日；二是红军游击队必须按指定地点集中训练，归157师指挥。6月下旬，特委在平和县高坑村陈家祠召开扩大会议。何鸣、吴金两人极力主张将部队开出根据地；卢胜、林路、王胜、朱曼平、彭德清等多数同志认为，在没有得到中央和南委的明确指示之前，不要轻易把队伍拉下山。后来，特委一面派人请示南委，一面派何鸣与157师谈判，签订了"六二六政治协定"。谈判中，何鸣擅自答应157师提出的红军游击队到平和县小溪镇受编和驻漳浦县城的条件。返回后，何鸣受到特委的严肃批评。他拒不接受，坚持部队下山。最后，特委书记张敏同意部队去小溪镇。

部队下山途中，遇到南委派来的代表姚铎，他向何鸣等传达了南委的指示：番号可以改，政治上仍要保持独立。部队必须提高警惕，要驻在根据地，不要开到平原去。何鸣不接受，拒绝把部队带回根据地。7月1日，红军游击队进入小溪镇；7月2日，整编为闽南保安独立大队，157师任命何鸣为大队长，吴金为政训员，卢胜为副大队长，王胜为参谋长。七七事变后，在卢胜、王胜不知情的情况下，7月13日，何鸣带领部队进驻漳浦县城孔庙。7月14日和15日，中共漳浦县委书记朱曼平和中共漳浦工委（白区）书记彭德清，分别把157师要袭击红军游击队的情报通报何鸣。何鸣不但不采取措施保护部队，还对卢胜、王胜封锁情报；甚至157师要求部队集中的事也对他俩隐瞒。据"漳浦事件"亲历者卢胜在《卢胜回忆录》中所述："7月16日上午，157师借点名发饷和整训为名，要我军到体育场集中。早上，何鸣当着何浚的面，叫我集中部队。我问何：'集中部队干什么？'何浚插话问我：'你不知道部队要集中吗？'我还没有回答，何鸣就代答说：'老卢还不知道，没来得及告诉他。'我当时很生气，部队集中干什么也不告诉我一下，我怎么听你的去集中部队？

我不干！我告诉何鸣，我看地形去。待我回来时，部队已由值日连长符义山同志集合起走了出来。当时，我心里很不好受。上午八时许，157师的参谋长张光前带10余名护兵'威风凛凛'地走到我们部队前，假惺惺地说：现在国共合作抗日，你们要先训练一下，训练用不着枪，你们把枪放下。当时，指战员们一听，感到不对头，都不愿放下枪，也没有谁的命令，几乎所有的同志都立即打开枪机，准备与敌人决一死战。157师的参谋长见势不妙，就撕掉伪装的面孔，指着周围已埋伏好了的火力，凶狠狠地说：你们考虑，要不要放下武器？不放下，请看。见此情景，全体指战员义愤填膺，怒不可遏。我与王胜等同志想搞武装反击，认为即使有牺牲，也不至于全军覆没，冲出去的同志还可以重整旗鼓，重建武装，但何鸣不允许。他在向157师提出抗议之后，就要求部队服从命令，把枪放下，等我党中央来处理。并自己带头把身上的手枪解了下来，往地上一扔，大家也只好悲愤地扔下手中的武器。就这样，红军近千名指战员被敌人一枪不发地全部缴械了，这就是'漳浦事件'。"④

毛主席关心"漳浦事件"

部队回到孔庙后，卢胜和王胜等人商议，决定潜出县城找党组织，重建革命武装。当卢胜把决定告诉何鸣时，遭到何鸣的反对阻止。当晚，卢胜带领几十名老战士跑出去，找到闽粤边特委，重建红3团，卢胜任团长，王胜任参谋长。1938年1月，新4军军部迁至江西南昌。同月，闽南红军游击队奉命正式编为新4军第2支队第4团第1营。卢胜任第4团团长，叶道之任副团长，王胜任参谋长，廖海涛任政治部主任，随后北上抗日。

话说回来，"漳浦事件"发生后，党中央和毛泽东同志十分关心事态的发展变化。

仅8、9两个月，毛泽东同志就5次发指示，可见事件的严重性和紧迫性。

1937年8月底，毛泽东同志打电报给当时负责闽、粤、桂和香港地区工作的张云逸同志，要他立即找余汉谋提出严重抗议，并要他们将所缴的何鸣部的人、枪全数退还。根据毛泽东的指示，张云逸找到了余汉谋，提出严重抗议，要求迅速归还人和枪。余汉谋表示无能为力，只能由上面安排。

为此，毛泽东同志给博古拍了电报，要他和叶剑英同志在与国民党谈判时，注意交涉何鸣部的人、枪退还问题。

接着，毛泽东和张闻天于1937年9月中旬联名给周恩来、博古、叶剑英拍了电报，强调指出：在国共和谈中，要向国民党再次提出要求，由南京政府责令余汉谋退还何鸣部的人和枪，不得少一人一枪。

由于何应钦拒绝批准将何鸣部的人和枪归还我们，毛泽东同志于9月下旬，再次给博古、叶剑英去电，询问何应钦是否已批准，如未批，要再次进行干涉。

为了进一步揭露国民党妄图消灭我党、我军的阴谋，逼使顽固派尽早归还人、枪，9月底，毛泽东同志对南方各地红军游击队发出五点指示，其中第五点表示："在何鸣部人、枪没有如数交还以前，不能集中。"⑤

为此，张云逸要求闽西南军政委员会尽快全力处理"漳浦事件"事宜。闽粤赣边省委副书记、国共和谈我方代表谢育才，先后多次到漳州同国民党军方谈判，进行不懈斗争，最终何鸣部人和枪得以归还。但是，部队被缴械后，何鸣到漳州任157师政训处上尉附员，尔后到厦门任157师师部中校侦缉队长。经谢育才一再谈话争取，何鸣于1938年3月，才离开157师，从厦门辗转到新4军军部报到。同年4月下旬，何鸣从军部回到第2支队司令部后，第2支队召开了批判何鸣错误的大会。接着，何鸣被军部拘留审查。1939年6月，以何鸣犯"叛徒""特务""汉奸"罪，在皖南泾县云岭被处决。新中国成立后，何鸣被万宁县人民政府追认为革命烈士。

在这里，需要说明的是，1937年11月12日，毛泽东同志在延安党的活动分子会上，作了《上海太原失陷以后抗日战争的形势和任务》的报告，在谈到"在党内在全国均须反对投降主义"时，指出"何鸣危险（被国民党包围缴械的危险）的警戒"⑥。可见"漳浦事件"的严重性。而文章后面对"何鸣危险"的注释是："闽粤边区域是当时十四个游击区之一，何鸣同志是该区游击队的负责人之一。何鸣同志对蒋介石的阴谋没有警惕，以致他所率领的千余游击队员集中起来后，竟被国民党包围缴械。"这个注释，称呼何鸣为"同志"，犯错误的原因是"没有警惕"。因此，何鸣的错误是思想认识问题，属于人民内部矛盾。

注：

①唐镇乐等：《琼岛魂》，中国文联出版社，1999，第147—148页。

②王炳南整理《卢胜回忆录》，东方出版社，1992，第18—19页。

③同上②，第54页。

④同上②，第87—88页。

⑤同上②，第94—95页。

⑥毛泽东：《毛泽东选集（一卷本）》，人民出版社，1966，第384页。

曾任中共江西省委书记的谢育才

谢育才（1904—1977），原名谢胡贤，字育才，曾用名黄纪母、谢东平、李志强。万宁市龙滚镇文渊村人。1926年4月参加中国共产党，1927年7月任中共万宁县委书记、琼崖讨逆革命军第3路军（万宁）党代表、琼崖工农革命军第2营营长、中共琼崖特委委员。1931年9月后，转战中央苏区，历任营长、师参谋长兼团长、政委、支队长、闽粤赣省委副书记。1941年6月，任江西省委书记。解放战争时期，历任韩江支队军事顾问、东江纵队代理参谋长、许昌军分区司令。1950年1月至5月，任广东省支前司令部参谋长；1950年6月至1951年6月，任汕头市市长。1957年，任海南农垦局局长，后兼任海南行署副主任。

首任中共万宁县委书记

谢育才，1904年2月出生于文渊村一户农民家庭。幼年经常帮助家里放牛、踏水车。他个性顽皮，善于召集小朋友一起玩耍，也喜欢打抱不平。9岁时在本村读了2年私塾，后又读了3年初小。14岁进入龙滚戎庙高等小学读书，在反帝反封建思想的影响下，他逐渐树立起读书救国的思想。

1923年，谢育才小学毕业后考进广东省立第十三中学。在国共合作的新形势下，谢育才和陈克邱等乡友，积极投身国民革命，回龙滚地区进行革命宣传活动。1925年，谢育才得知邻村有一位叫杨树兴的人，从广州农民运动讲习所回乡组织农民协会，开展革命斗争，便立即到仁造村找到杨树兴。在杨树兴的帮助下，他加入了万宁县第四区组织的农民协会，从此走上了革命道路。1926年4月，谢育才加入中国共产党。万宁县农民协会筹备处成立后，谢育才任副主任。不久，为了支持盐墩村盐民反抗盐务局的压迫和剥削，万宁县农民协会派谢育才、王天贵和陈聘到盐墩村指导盐民开展斗争。他们宣传革命思想，帮助组织盐墩农民协会，向盐务局提出合理要求，保护盐民的利益。盐务局不但不接受，反而恶毒攻击农会。盐民将作恶多端的盐警黄河清抓起来，送县政府惩办。县长陈瀛却暗地里将他放走，反而扣留3名盐工。于是，杨树兴、谢育才等组织并领导了盐民大罢工。几百座盐灶，在4月12日这一天全部熄火。琼崖《民国日报》连日发表消息和评论，支持罢工。全县人民成立了"援助农友罢工筹备处"。杨树兴、谢育才等在第四区筹集了20余担白米、4000多斤番薯并光洋270元，组成了浩浩荡荡的援助大军来到盐墩。前来援助的群众手持长矛、大刀，高呼"打倒贪官污吏！""盐民解放万岁！"等口号。在声势浩大的群众面前，国民党县政府慌了手脚，被迫接受了盐民提出的条件，立即释放被捕人员，赔偿罢工期间的一切损失，向被捕者及全体盐民道歉，将作恶的盐警驱逐出盐务局。至此，历时2个月之久的罢工斗争取得了胜利，威震全岛。谢育才在斗争中锻炼成长。

1927年7月，中共万宁县委成立，谢育才任县委书记。

参加椰子寨战斗

1927年7月，琼崖特委将各县的革命武装，统一改编为"琼崖讨逆革命军"，并成立琼崖讨逆革命军司令部，由冯平任总司令，陈永芹任副总司令，杨善集任党代表。每县一路军，共700余人。谢育才任第3路（万宁）军党代表。

1927年9月上旬，为落实中共中央八七会议精神，杨善集在乐四区主持召开军事会议，决定于9月举行全琼武装总暴动。9月

23日，杨善集、王文明带领讨逆革命军攻打嘉积外围据点椰子寨，打响了全琼武装暴动第一枪。谢育才带领第3路讨逆革命军参加了椰子寨战斗。在战斗中，杨善集、陈永芹先后牺牲。敌人蜂拥而至，面对万分危急的局势，前线指挥部副指挥王天俊沉着冷静，指挥部队突围。在突围时，王天俊不幸胸部中弹，虽强忍着伤痛，继续指挥部队突围，终因体力不支，昏倒在地。"讨逆革命军第三路军党代表谢育才见此情形，赶紧跑过去将他背起，并带领部队杀出了重围。"①由于谢育才的突出表现，在中共琼崖特委第一次扩大会议上，谢育才被选为特委委员。会后，讨逆革命军改为工农革命军，谢育才任东路工农革命军第2营营长。

1927年冬，国民党反动派纠合县内反动民团进攻万宁三区，几百名渔民惨遭杀害。群众义愤填膺，强烈要求县委带领大家为死难者报仇。谢育才立即召开全县党支部书记联席会议，决定实行全县农民大暴动。1928年1月29日，万宁全县举行总暴动，参加暴动的农民近万人。根据特委命令，徐成章率部从三亚返回，配合谢育才的第2营进攻万城。由于联络失误，没能取胜，谢育才被撤掉县委书记职务。

1928年3月初，琼崖特委成立攻崖（县）指挥部，谢育才任参谋长。当部队抵达藤桥时，国民党南路"剿共"总指挥王鸣亚，调集人马把藤桥包围起来。谢育才和崖县委书记李茂文，率领红军和民众奋起抵抗，激战了12个昼夜。最后弹尽粮绝，谢育才率领1个连的红军打先锋，向陵水新村港突围成功。后继部队、农军和群众被敌人火力封锁，只好向保亭山区撤退。

1928年下半年，琼崖革命斗争转入低潮。11月的一天晚上，敌人包围了谢育才家乡文渊村，将他母亲、大哥、大嫂、二哥、二嫂及4个侄子等9人全部用刺刀捅死，最小的年仅9岁。2024年4月6日，笔者和王宏兴、王中坚去文渊村走访，83岁的阿婆指着她家旁边的空地说：敌人围村时，谢育才家人闻声离家逃走，藏在邻居这间屋里。后来，敌人挨家挨户搜查，发现后将他们全部杀死在这里。我们听后，感触万分。

1929年夏，由于敌人大肆屠杀革命同志，工作无法开展，处境十分危险。万宁县委决定，把部分已暴露身份的干部（共13人）撤出岛外保存实力。谢育才撤退到香港，接受任务后再前往新加坡，秘密联系琼籍党团员和军事干部回中央苏区工作。1930年初，谢育才返回香港，还未和地下组织接上关系，就被特务机关当作嫌疑分子逮捕，关进拘留所1个多月。因无法查出他是共产党，3月，谢育才被驱逐出香港。随后，他到上海找到了党组织，被安排在闸北区第三街道。在参加游行示威时，谢育才再次被捕入狱，被关了10个月。1931年4月，谢育才被释放，不久任闸北区委组织干事、组织部部长等职。经本人要求，组织同意，谢育才于1931年8月1日，离开上海赴中央苏区。

战斗在闽西南

1931年9月，谢育才到达中央苏区，任中央红军第12军102团3营营长；12月，任中央红军独立第7师参谋长兼第5团团长、政委。在3次反"围剿"中，谢育才率领部队攻克新泉、建城、长汀3个县城，消灭了数百名敌人，缴获了一批枪支弹药，屡立战功。1933年2月，谢育才因病调任福建军区后方总医院任政委；8月，调任福建军区组织部部长；11月至翌年5月，任福建军区第2军分区政委。当时因犯"罗明路线"错误，谢育才被撤职。1934年6月，谢育才调任福建军区武装动员部部长，在"扩红"突击运动中受到2次奖励；12月至翌年1月，谢育才调任中共福建省委组织部部长。1935年2

月，谢育才调任福建军区独立红9团政委，在敌后根据地战斗；4月，任第2军分区政委兼红9团政委。中央红军长征后，谢育才留在闽西苏区坚持斗争，统一指挥红9团、红3团及地方武装，开展游击战争，使闽西南连成一片，恢复苏维埃政权，胜利完成了闽西南军政委员会交给的作战任务。

1937年七七事变后，闽西南军政委员会派谢育才任闽西南国共和平谈判中共方代表。谈判成功后，闽西南红军改编为闽西南抗日义勇军第1支队，谢育才任支队长。这里，要告诉读者的是，当时报纸上刊登了谢育才在福建出任国共和谈代表一事，消息传到海南后，原以为谢育才已不在人世的父老乡亲们，欣喜万分。1938年1月，琼崖党组织派曾若空、梁居民护送死里逃生的谢育才大侄女和女儿，千里迢迢到闽西，与谢育才重逢。他给女儿起名谢莹，不久便将其送到延安学习，谢莹从此参加革命。大侄女回海南，在抗日斗争中英勇牺牲。曾若空留在闽西，后参加新4军、华东野战军；广州解放后，调任第15兵团后勤部供给部副部长，为解放海南作出贡献。

"自首"越狱救南委

南委，是中共南方工作委员会简称。在抗日战争进入相持阶段时，设在重庆的中共中央南方局（周恩来任书记），遭到国民党特务的监视、跟踪，活动受到很大的限制。为此，经中共中央批准，在南方局之下设立中共西南工作委员会和中共南方工作委员会。1940年11月，中共南方工作委员会在广东梅县成立（后移驻大埔县），方方任书记，张文彬任副书记。南委下辖粤北省委、粤南省委、江西省委、广西省工委、琼崖特委、湘南特委、潮梅特委、闽西特委、闽南特委、闽粤边委和大埔县委。1942年5月，南委组织部部长郭潜被捕叛变，由此导致南委机关及所辖中共江西省委、粤北省委、广西省工委和主要交通站相继遭受严重破坏，史称"南委事件"。这是继皖南事变之后，国民党制造的又一起破坏团结抗日、迫害共产党的严重事件。

南委事件是从中共江西省委被破坏开始的。1941年初，中共江西省委书记郭潜调南委工作，书记由军事部部长颜福华代理。随后，闽粤赣边省委副书记兼组织部部长谢育才任中共江西省委书记。1941年6月上旬，谢育才和妻子由交通员护送到达江西吉安。

而谢育才万万想不到的是，在他来吉安前，江西省委交通员李铁拐、吉安交通站负责人李盘林、赣西南特委交通员黄静玲和赣西南特委组织部部长李照贤等已被捕叛变，潜伏下来成了内奸。7月初，李铁拐领谢育才前往省委机关所在地安福山（即安福、永新、莲花三县边界的洋溪山）。谢育才到省委机关后，发现郭潜离开江西之前，省委所属党组织除赣西南特委外全部已遭受破坏，省委机关也很不健全。但郭潜在给中央及南委的报告中，并未全面真实地反映江西情况。因此，谢育才在上山的第四天向南委发了第一次电报。隔天，南委复电，要他立即到广东曲江某地联系。7月15日，李铁拐带谢育才下山，住进吉安一家旅馆。当晚，谢育才遭到国民党中统局江西调统室行动队秘密逮捕。其妻子王勖也随后被捕，并在被捕半个月后，于狱中生下了孩子。随后，省委原代理书记颜福华被捕叛变，死心塌地为敌人卖命，省委成员及机关工作人员全部被捕。中共江西省委为国民党中统特务机关所控制，国民党利用省委原电台，与南委保持联系。对此严重情况，南委全不知情，处境十分危险。

为此，谢育才曾3次设法越狱及多次通过难友对外通消息，但均告失败。面对严酷的现实，谢育才认真考虑再三，决定牺牲个人名誉气节，遂填写了"自首书"，争取出狱向南委报警。1942年2月8日，敌人把谢育才夫妇放出集中营，软禁在特务头子庄祖芳寓所院内。

1942年4月29日深夜，谢育才夫妇趁看守人员疏忽，忍痛丢下刚满9个月的婴儿，越窗逃出庄祖芳的宅院。他们一路上昼伏夜行，风餐露宿，历经艰辛，历时24天，途经江西、广东、福建三省的春和、遂川、万安、赣州、于都、会昌、寻乌、平远、梅县、大埔等10个县，行程1000多里，终于在5月22日到达闽南长乐地区下洋村。甫一到达，谢育才立马向党组织汇报了江西省委已遭破坏的情况。

方方得到谢育才的报告后指示：立即将谢育才转移监护起来，继续审查，弄清情况；南委电台准备转移，加强警戒。并于5月24日给在曲江的郭潜发了一封密码电报，让他取消与江西的联系，立即撤退。令方方始料不到的是，郭潜于5月26日被捕叛变，于5月27日凌晨带特务逮捕了粤北省委书记李大林夫妇、组织部部长饶卫华和交通站站长司徒丙鹤夫妇。5月30日，从香港撤回广东乐昌隐蔽的八路军驻港办事处主任廖承志被捕。至此，粤北省委重要干部20多人和县级干部40多人被捕，党组织遭到严重破坏。

6月6日，郭潜引领中统特务直扑南委机关所在地大埔。在高陂镇码头，逮捕了南委宣传部部长涂振农（后叛变）及交通员等数人。同日，途经高陂镇的南委副书记张文彬及随行人员被捕。中统特务袭击南委机关1个月后，郭潜又带领特务到桂林，破坏中共广西省工委机关。历时半年，广西省工委及桂林市委、南宁市委、武鸣县委和北流、横县（今横州市）、玉林、龙州等特支等党组织遭到严重破坏。而破坏最严重的是江西省党组织，3个特委、44个县委及以下200

个区委和绝大部分支部都遭破坏，2000多名党员被捕入狱，2000多名农村党员被强制"管训"。

1942年8月，南方局决定：撤销南委领导机关，工作停止；国统区党组织一律暂时停止活动，何时恢复组织活动，等待中央指示。直到1944年，各地党组织活动才恢复。

迟来的历史结论

谢育才夫妇"自首"弃子越狱救南委后，一直接受组织审查。从1942年7月到1944年冬的2年半时间里，他们先后由组织安排在大埔、澄海、潮安乡村隐蔽，过着清贫动荡的隐居生活。1944年底，潮汕党组织恢复活动后，谢育才于翌年2月任韩江支队军事顾问。1945年12月，谢育才转任东江纵队代理参谋长。1946年底，随东江纵队北撤到山东解放区，很快转入中共华东党校学习及审查历史。初步结论："不管谢育才同志当时思想动机如何，但在敌人面前签字愿意放弃共产党立场，是一种背叛行为，应予补行开除党籍处分。但姑念谢育才同志在历史上对党有很多贡献，及越狱回来救南委，又在潮汕地区协助党建立与发展韩江纵[支]队，能坦白检查错误，所以，对党龄处理：一、1945年2月参加韩江纵[支]队起重新入党；二、从1942年4月越狱回南委到1945年参加韩江纵[支]队时止，作为考察期。"②1948年，中原局复查他的历史，又补充复查结论：经与南方局领导联系，认为谢在政治上是可靠的，同意党龄暂从1945年2月算起。至以前党龄，俟将他被捕狱中情况查清楚后，再研究处理③。1948年5月，谢育才被任命为许昌军分区司令员兼郑州、洛阳警备区司令员。1950年1月至5月，任广东省支前司令部参谋长。1950年6月至1951年6月，任汕头市市长。这时，广州市公安局策反在香港的庄祖方，庄从报纸上得知谢育才是汕头市市长，表示愿意送还收养的小孩给谢育才。经华南分局书记叶剑英同意，公安部门办理，孩子终于回到父母身边。不久，发生了广州市公安局"两陈事件"，谢育才因孩子问题受到牵连，再次被"开除党籍"。随后，被调到华南垦殖局工作。1957年，谢育才重新入党，调任海南农垦局局长兼党组书记，后兼任海南行署副主任。"文革"期间，谢育才再度被开除党籍，并被定为"叛徒"。1977年3月，谢育才含冤逝世。

谢育才去世后，其妻子王勖遵照他生前遗愿，继续向党组织提出申诉。同时，广东省许多老同志也积极向上反映，要求为谢育才平反。1991年9月17日，广东省委统战部原部长、广东省政协原副主席黄康给时任国家主席杨尚昆写信。1995年7月16日，刘田夫同志给时任政治局常委、中央书记处书记、中央党校校长胡锦涛写信。特别令人感动的是，1997年8月18日，刘田夫等8位老同志，联名写报告给中共中央，希望党组织修改谢育才同志的历史结论，作出实事求是的评价。

1998年10月8日，中纪委发出《关于恢复谢育才同志1926年至1945年一段党籍党龄的通知》（中纪〔1998〕62号文）。1999年1月8日，中共广东省纪委发出第一号文件，内容是："王勋同志：接中共中央纪律检查委员会通知，经中央纪委常委复议并报中共中央同意，决定恢复谢育才同志1926年至1945年一段的党籍党龄。特此通知。"④至此，经历了半个多世纪反复审查的谢育才同志的历史问题得到彻底解决。2018年9月3日，"千秋红岩——中共中央南方局历史陈列"展览在重庆红岩革命纪念馆举行，专版介绍了"毁节"救党的中共江西省委书记谢育才的事迹。

值得一提的是，文渊村还走出了一位中

国人民解放军高级将领。庄田（1906—1992），原名庄振凤。曾留学苏联莫斯科高级步兵学校，任红军团政委，参加万里长征，参与琼崖抗日斗争，转战粤、桂、滇、黔，为中国人民的解放事业作出巨大贡献。1955年，被授予中将军衔，被授予二级八一勋章、一级独立自由勋章、一级解放勋章。1961年，任广州军区副司令员。

注：

①中共海南省党史研究室编《中国共产党早期的海南人》，海南出版社，2011，第267页。

②郑学秋主编《怀念谢育才》，中国文联出版公司，1999，第56页。

③同上②。

④同上②，第176页。

延安"红色福尔摩斯"布鲁

布鲁（1909—1972），原名卢茂焕，又名陈泊，琼海市博鳌镇东屿岛人。1926年加入中国共产党，1927年加入琼崖讨逆革命军，参加椰子寨暴动。后在新加坡、上海从事地下工作。1937年去延安，曾任陕甘宁边区保安处保卫部部长、绥德专区保卫处处长，锄奸破案，屡建奇功，受到毛主席的表扬，被誉为"红色福尔摩斯"。解放战争时期，先后任东北松江、吉林和江西省委常委、社会部部长兼公安厅厅长。广州解放后，任广东省公安厅厅长、广州市委常委兼公安局局长。

积极投身琼崖革命

卢茂焕的家乡东屿岛，坐落在万泉河入海口（今博鳌亚洲论坛永久会址）。他五六岁时，就跟父亲出海打鱼，锻炼了胆量，增长了智慧。父亲期望家里出个有文化的人，便省吃俭用，供卢茂焕去琼东县双庙高等小学读书。

1921年秋，王文明被聘用为双庙高等小学校长，他经常向学生宣传革命思想，这使卢茂焕深受教育，立志当个革命者，救国救民，并与王文明成了莫逆之交。年底，王文明准备辞去校长职务，去参加创办嘉积农工职业学校。为此，王文明对卢茂焕说："嘉积农工职业学校，上学不花钱，专学革命道理。明年你就高小毕业了，如果阿爸同意，就跟我去这个学校。"后来，父亲怕卢茂焕口口声声"闹革命"惹祸，在卢茂焕毕业后送他到海口，在他大舅冯辉茂开的修配厂（琼南兴铁工厂）做工。

1926年1月，王文明随国民革命军回到海南，开展革命活动。那时候，卢茂焕在海口参加工人运动，打听到王文明是运动的领导人，非常高兴。通过老乡，卢茂焕见到了日夜想念的王文明老师，表达了跟定共产党干革命的决心。就这样，由王文明做介绍人，卢茂焕于1926年5月加入了中国共产党。神圣的责任感和使命感使他更加忘我地投入革命工作，更加刻苦地钻研革命理论。同年6月，中国共产党琼崖第一次代表大会召开，成立中共琼崖地方委员会，王文明当选书记。后来，卢茂焕对妻子吕璜回忆说，跟着王文明搞工运的这段时间，是他一生中最开心的岁月。1927年，海口"四二二"事变，许多共产党员和革命群众被捕，卢茂焕也在其中。他仔细观察被关押人员，发现没有熟悉的面孔，便心生一计，装成傻头傻脑的苦力。他在被关押29天后，由舅父交了200块光洋取保释放。

卢茂焕回到家里后，想方设法联系党组织。当他打听到王文明在乐会县第四区时，便瞒着父母亲，悄悄地跑去乐四区找王文明。随后，卢茂焕加入琼崖讨逆革命军，前后参加了偷袭博鳌警察局和盐务所、椰子寨暴动、攻打中原市等战斗。由于作战勇敢，卢茂焕接连从战士升为班长、排长、副连长。这时，红军面临一个很大的困难——缺少枪支弹药，而且没有重武器。为此，王文明把懂机械技术的卢茂焕调到军械厂，让他参与研制土大炮、土地雷、土炸弹等土武器。在大家的共同努力下，军械厂不但试验成功土地雷、土炸弹，而且用坚硬的荔枝木作炮筒，造出了"荔枝炮"，这些武器在战斗中发挥了很大的作用。

1928年11月，反"围剿"失败，琼崖特委撤到了海府地区，王文明率部转移到母瑞山。卢茂焕根据王文明"能上山的上山，能出洋的出洋，只要保存好自己就是胜利"的指示，去了新加坡，投奔三舅冯生茂。生活安定下来了，但卢茂焕的心却平静不下来，时刻惦记着如何找到党的组织。经过半年的努力，他陆续找到七八个从家乡逃到新加坡的革命同志，以同乡集会的名义，秘密成立党支部，并通过办夜校传播革命思想。有趣的是，在马共中央派人与卢茂焕接头时，他称自己叫"布鲁"（马来语"铆钉"的谐音）。从此，卢茂焕改名"布鲁"。马共中央批准成立巨港特别支部，布鲁为负责人之一，在马共中央的领导下开展斗争。不久，布鲁被任命为新加坡赤色工会纠察队长。不幸的是，布鲁在一次执行任务时，被炸弹炸伤，左手掌少了半截。虽然他被捕后，经过组织营救，法院宣判布鲁无罪，当庭释放，但离开法院时，送布鲁来的警察直接把他送到"警察局特别训练班"，即殖民当局的集中营，将他关押了1年。1932年大年初五，布鲁与30多人被遣送回国。

回国后，根据党组织的安排，布鲁经香港、厦门去了上海。1934年至1936年，布鲁任中共江苏省委秘书、上海赤色工会码头总工会主任兼党的负责人。1936年秋，上海地下党和赤色工会几次遭受大破坏，党指示布鲁离开上海去延安。到西安时，正遇上西安事变。博古听说布鲁能写会画，便把他留在中国新闻社工作，让他负责刻蜡纸、画报头。西安事变和平解决后，1937年3月，布鲁随中国新闻社撤回延安。

横扫延安军统特务网

布鲁回到延安后，进入红军大学（后改为抗日军政大学）学习。半年后，被分配到陕甘宁边区保安处（简称"延安保安处"），先后任侦察科科长、情报科科长、保卫部部长、绥德专区保安处处长等职。布鲁在延安锄奸保卫，屡建奇功，是传奇式的破案高手。根据布鲁夫人、战友吕璜的回忆资料，现整理如下。

1941年7月，布鲁奉命抽调保卫部11名干部（其中有侦察员吕璜）、警卫武装1个班，组成特别巡视组，赴关中等地部署外勤工作。在一次听取敌情汇报时，布鲁对我方掌控下的国民党特务吴南山产生了强烈兴趣，觉得这个人有极大的开发价值。他联想到，国民党特务头子戴笠在汉中一期接一期地举办特务训练班，其目标是针对边区、针对延安。但究竟有多少特务派了进来，我方不得而知。必须设法摸清汉中训练班人员的潜伏情况，才能保证延安、保证党中央的安全。吴南山是这个训练班第四期的学员，结业后被派回家乡西峰镇，后到庆阳中学教书，被提拔当了县教育科科长。庆阳解放后，吴南山主动交代了这段历史，陇东保安处让他继续留在特务组织，为我方所用。布鲁把吴南山找来，秘密商议多次，耐心等待，期望能扩大战果，捕获更多的国民党潜伏特务。

随后，布鲁抓捕了祁三益。经过反复攻心交代政策，祁三益彻底坦白了。原来，训练班学员毕业派遣延安时，只规定伪装成进步青年，长期潜伏，站稳脚跟，积极表现，争取信任，不与上级联系，有任务时自会有人来找。至于打入边区的有多少人、打入哪个单位、叫什么名字（训练班期间以代号相称），连西安军统特务站也不清楚。祁三益是第三期学员，由于文化水平高，成绩优秀，留在特训班当教员，教过第四至第九期学员，认识的学员最多，因此派他去延安。为验证祁三益交代的真实程度，布鲁派便衣人员跟随祁三益在庆阳县城寻找。不到一周时间，祁三益认出2人。经审讯，交代的情况与祁三益讲的一致。布鲁大喜，决定把祁三益带到延安，尽可能将汉中训练班打入延安的特务一网打尽。

1942年春节前，布鲁和巡视组带着祁三益回到延安。眼下最大的难处是，祁三益对潜伏延安的特务情况一概不知。可是，延安大小机关、单位、学校数百个，外来干部数万人，如果挨个单位去认，耗时过长，难免打草惊蛇。由于没有有把握的抓捕方案，布鲁只好继续等待。转眼到了4月，保安处接到通知，中央决定于五四青年节在北门外文化沟召开盛大的群众大会，要求延安各单位、团体结队参加。一直没有把握的布鲁高兴得跳了起来！他和保卫部的领导商定抓捕方案，并报保安处处长周兴批准。即在开会那天，带着祁三益埋伏在会场入口，认一个是一个，认多少是多少，当时不动，会后再秘密逮捕，以免影响大会气氛，影响扩大战果。那天，20多个便衣以工作人员的名义，严格维持入场秩序，故意放慢入场速度。隐蔽一旁的祁三益则全神贯注，睁大眼睛，仔细寻找汉中训练班里熟悉的面孔，认出一个指认一个，便衣立刻上前找到单位领队，问明此人姓名。全部队伍入场完毕，祁三益当场指认了24个特务！庆祝大会结束后，布鲁立即布置力量迅速出击，将这些特务捉拿归案，并连夜突审，令其坦白交代，揭发其他同党，争取立功赎罪。数天之内，总共抓捕潜伏在延安和边区其他县的军统特务56人，一举粉碎了戴笠苦心经营多年的特务网！这是抗战时期延安破获的最大的国民党特务组织，他们分别打入从中央到地方的50多个单位，大部分已混入党内，有的甚至进入党的机要部门，有的女特务已嫁给我党政干部。一旦延安有什么风吹草动，这些隐藏极深的"定时炸弹"在内部爆炸起来，后果不堪设想！

此案震动了整个延安，引起毛主席和党中央的高度重视和警觉。毛主席把保安处处长周兴找去，听取汇报，并问道："此案是谁破获的？"周兴据实报告："是保安处下设的保卫部部长布鲁领导破获的。"毛主席说："这个案子给我们上了一课，特别是给那些对蒋委员长存有幻想的人上了一课。可惜我们的布鲁太少了，今后要多调几个像布鲁这样的干部，来加强延安的保卫工作。"①自此，布鲁名声大振，与中央社会部治安科科长、东北抗联出身的陈龙和总政治部负责锄奸工作的副部长钱益民并称延安的三大"侦察专家"。人们都开玩笑叫他"红色福尔摩斯"，这一叫就叫响了。

在习仲勋领导下工作

延安整风学习后期，风云突变，整风运动突然转入一场大规模的"抢救失足者运动"。当时，布鲁的断手掌被怀疑是敌人搞的"王佐断臂"苦肉计，不可信用。但由于布鲁刚刚破获了延安最大一起军统特务案，名声赫赫，受到了毛主席的夸奖，没人敢抓他。1943年初，布鲁被下放到绥德地区任保安处副处长。1944年初，延安"抢救失足者运动"完全停止，布鲁原准备回延安保安处工作，但绥德地委书记习仲勋十分欣赏他的才华和本领，以热情"挽留"的方式不放他走，布鲁也就没有回延安。随后，布鲁被任命为绥德地委委员、保安处处长，在习仲勋的直接领导下开展工作。

1944年春，布鲁正式担任保安处处长后，地委书记习仲勋把他找去，说绥德师范学校"抢救失足者运动"搞得那么凶，起源是发生了黑头帖子（即匿名大字报）和刺杀教务主任杨典的事件，案子轰动全城。现在所有师生的问题都甄别平反了，没发现一个现行反革命；但究竟什么人写的黑头帖子，什么人暗杀教务主任杨典，至今没有破案，给绥德师范留下一个阴影。"你这位'福尔摩斯'既然来了，就想办法把这两件事搞搞清楚吧。"

第二天，布鲁接到习书记交下来的硬任务，立即开展侦破工作。他听取了原办案同志的汇报，查阅了案件卷宗，手摸着那块击打杨典的石头，厘清了破案思路。他从民间请来2个谙熟书法的老秀才，对杨典的笔迹进行反复比对，确认黑头帖子是杨典所写！然后到学校查访杨典的情况，核实当时的案发现场。随后，布鲁约谈杨典，一席话说得杨典不能自圆其说；看到布鲁用石头打自己左胸的伤痕，杨典痛哭流涕，终于如实交代了自导自演的"刺杀案"。

搅了1年多的"刺杀杨典案"，布鲁仅用2天就破了，真是太神奇了！当地委书记习仲勋听了布鲁的汇报，高兴得伸出大拇指连连说："不愧是福尔摩斯，不愧是福尔摩斯，货真价实！"他还说："向毛主席提出'精兵简政'建议的李鼎铭先生是边区政府副主席，又是绥（德）米（脂）人，他十分关心绥德师范的甄别平反情况，现在我们可以把话说清楚了。"②

广州解放初期蒙冤入狱

抗日战争胜利后，中共中央派2万名干部和10万人的军队先后徒步开赴东北。

1946年6月，布鲁奉命抽调延安保安处干部组成公安大队（38人），开赴哈尔滨。历经5个月的数千里长征，抵达中共东北局所在地哈尔滨。布鲁被东北局任命为哈尔滨市公安局副局长，负责全市的侦察肃反工作。这期间，布鲁改名陈泊（后文即沿用此名）。经过全局干警2个月的紧张工作，清查了国民党匪特、汉奸、日伪军官、恶霸地主、反动会道门头目等9000余人，有效地稳定了哈尔滨局势。1947年1月，中共东北局调陈泊担任松江省委常委、社会部部长兼省公安厅厅长。经过全体干警半年的艰苦努力，摧毁国民党哈尔滨市地下党部，抓捕党部骨干和特务等400余人，这是1947年全东北我公安机关破获的最大特务案，中共东北局社会部特别予以通报表扬。此后，中共东北局任命陈泊为吉林省委常委兼社会部部长、省公安厅厅长，他为解放长春做了大量有效的情报工作。东北解放后，中共吉林省委书记陈正人奉命率领一批干部负责接管江西，陈泊被任命为中共江西省委常委、社会部部长兼省公安厅厅长。陈泊于 1949 年 3 月随队南下，6 月抵达南昌开展接管工作。他大力组建公安队伍，扫荡残余武装匪特，打击黑社会势力，使江西社会治安迅速稳定下来。同年 9 月，中共中央决定成立华南分局，叶剑英为分局第一书记。他在赣州主持召开对粤作战和华南分局三次扩大会议时，得知陈泊就是当年延安的"红色福尔摩斯"布鲁，再三请江西省委书记陈正人"割爱"，调陈泊去接管广州治安。

1949 年 10 月 14 日广州解放，10 月 18 日陈泊随接管队伍进驻市内，当即被任命为广东省公安厅厅长、中共广州市委常委兼市公安局局长。同时，组织上配备在中共香港分局长期从事情报工作、熟悉特情的陈坤任副局长。在中共华南分局的领导下，陈泊和陈坤密切合作，在 1 年多的时间里，广州市公安局破获匪特案件300余起，抓获匪特及黑社会头目1000多人，侦破电台20余部，使敌人的破坏计划纷纷流产，广州的社会治安迅速好转。布鲁的工作受到中共华南分局书记兼广东省委书记、广州市委书记叶剑英的充分肯定和高度赞扬，叶剑英在写给公安部罗瑞卿部长的信中说："接管初期，广州治安状况的迅速稳定，是和陈泊的名字分不开的。"

然而，陈泊万万没想到，有人向公安部报告，认为陈泊、陈坤"滥用敌人，包庇坏人"，"组织路线有严重错误"，甚至称陈泊、陈坤有"国际间谍嫌疑"，"对广州造成严重威胁，必须采取紧急措施"。公安部领导深感事态十分严重，亲临广州解决"两陈案"问题。1951年1月24日晚，陈泊、陈坤被捕，3天后被押送北京。新中国成立后公安系统第一个奇案、第一个冤案发生了。随后，广州市公安战线掀起了大揭发大批判的高潮，400多人被抓，1000多人受牵连。可是，直至1952年春，公安部才开始审理工作。同年10月，陈坤在监狱里病逝。

1953年3月8日，陈泊被判处有期徒刑10年，剥夺政治权利5年，刑期从1951年1月24日算起；永远开除党籍。虽然陈泊及妻子吕璜无数次申诉，但都冤沉大海。1961年1月24日，关押10年的陈泊刑满释放转入农场劳动。1972年2月，陈泊凄然长逝，时年63岁。

改革开放后，全面平反冤假错案。1980年12月4日，公安部向吕璜宣布复查结论："10月11日，中央批示，同意中纪委复查报告，认定这是一起错案，否定了1953年对陈泊、陈坤的判决，恢复他们的党籍，恢复名誉，消除影响，妥善安排有关受害人。"③至此，公安系统第一冤案画上了句号。2001年，中国警察博物馆开馆，展馆介绍了延安"红色福尔摩斯"布鲁的革命事迹。

习仲勋怀念布鲁同志

2001年，作家蒋巍根据布鲁妻子吕璜提供的口述记忆、资料及以往写的回忆文章，走访部分老同志，写作了《红色福尔摩斯》一书。布鲁的老领导习仲勋为该书题词"红色福尔摩斯"，并写了前言，现将这篇前言全文转录如下：

布鲁同志是大革命时期参加革命的老党员，我党第一代优秀的侦察员和公安战士。1941年我在关中地区任地委书记，1944年在绥德专区任地委书记，布鲁同志两度在我那里做侦察保卫工作，我们由此相识、相熟并结下深厚的革命友谊。

大革命时期，布鲁长期在广东海南和东南亚一带从事革命斗争，出生入死，积累了丰富的地下斗争经验。到陕甘宁边区后，侦破数起大案，包括震动整个延安的"军统特务案"，一举抓获了潜伏在延安各地的五十六名国民党军统特务，受到毛主席的表扬，被誉为"红色的福尔摩斯"。在绥德任保安处长时，又侦破了发生在绥德师范学校的"刺杀杨典案"，并成功策反国民党特务苗乐山，为我所用。布鲁同志在艰苦复杂斗争中所表现出来的勇气、睿智和乐观主义态度，以及重事实、重证据的实事求是精神，给我留下深刻的印象。

解放初期，布鲁同志受到错误处理，长期关押，直至70年代惨死在劳改农场。在那种特定的历史条件下，纠正极左思想所造成的冤假错案是很难很难的。这期间，布鲁以力所能及的方式，一直同错误路线做着坚决的斗争，布鲁的妻子吕璜同志也以顽强的毅力顶住巨大的政治压力，一边为平反丈夫的错案奔走，一边坚持战斗在自己的工作岗位上，表现出一位共产党员的优秀品质。1981年，在拨乱反正的历史新时期，布鲁同志终获平反昭雪，公安部为布鲁举行追悼大会，叶剑英等党和国家领导人以及我特意送了花圈，以示怀念和追悼。

历史就是我们的生命。历史也是前人留给后人的宝贵经验。在庆祝中国共产党成立八十周年的日子里，回首我们这些老共产党员走过的前仆后继、流血牺牲的道路，欣看今天社会主义中国欣欣向荣、蓬勃发展的局面，真是令人倍感激动和欣慰。欣闻描写布鲁同志传奇一生的作品即将出版，特写下以上这些话表示祝贺。

2001年11月于北京④

注：

①蒋巍：《红色福尔摩斯——布鲁与公安系统第一奇案》，学林出版社，2003，第109页。

②同上，第154页。

③同上，第283页。

④同上，前言。

后 记

经过夜以继日的努力，《琼崖早期革命人物寻踪》终于完稿，我如释重负。自从退休以后，我热爱学习研究红色文化，编写了多部革命书籍，从而扩大了视野，增长了知识，受到了爱国主义教育，加深了对琼崖武装斗争二十三年红旗不倒的认识。与此同时，得知许多海南人为革命奋战在岛外，他们的事迹感人至深。因此，这次海南省档案局（馆）邀请我编书时，便重点把他们的事迹编写出来，以飨读者。

为编写好这本书，我阅读了相关的历史档案和书籍，挖掘题材，解读史料，去伪存真；实地调研，走访亲属，核实史料，确定编写 12 位琼崖早期革命人物的革命生涯，展现中国革命历史上的海南人篇章：

五四运动殉难的郭钦光，是我国新民主主义革命牺牲的第一位烈士。

徐成章在潮汕地区任南昌起义部队团长，带领300名官兵杀出重围。

曹石泉参加第一次东征，在棉湖战斗中勇立奇功。

莫同荣是北京地委农民部部长，与中国共产党创始人李大钊一起就义。

叶文龙率领农军北上武汉，在毛泽东主办的武昌中央农民运动讲习所任教务长。

陈垂斌指导成立的陵水县苏维埃政府，是全国最早的县级红色政权之一。

游济任校长的陵水县工农军干部学校，为琼崖武装斗争培养了大批人才。

符向一奉命到湖北工作，先后领导鄂南暴动和黄麻起义。

王海萍领导闽西农民暴动，指挥震动全国的厦门破狱斗争。

何鸣率领红3团转战闽西南，为创建红

军游击区作出贡献。

谢育才牺牲个人名誉气节，"自首"越狱向中共南方工作委员会示警。

布鲁在延安横扫军统特务网，受到毛主席表扬，被誉为"红色福尔摩斯"。

本书在编写过程中，以党史资料为基础，用档案解读琼崖早期革命人物，即让历史档案告诉你过去，让革命故事指引你未来。也就是说，充分发挥档案的作用，让档案说话，厘清有关问题，还原历史事实，讲好革命故事，传承红色文化，用编书的实际行动，落实习近平总书记关于"（把）红色档案保管好，利用好"的指示。

主要参阅的档案资料有《广东革命历史文件汇集》《福建革命历史文件汇集》《湖北革命历史文件汇集》《中国共产党北京党史（第一卷）》《"一大"前后（二）》《中国共产党海南党史（第一卷）》《琼崖纵队史》《闽西革命简史》《海南省志》及相关市县

志。参考书籍有《中国共产党早期的海南人》《琼崖英烈传》《王海萍传》《卢胜回忆录》《红色福尔摩斯》《琼岛魂》《黄埔军校海南同学录》《怀念谢育才》等。谨此，向有关专家、学者、编者、作者致敬。

本书能顺利编写完成，得益于海南省档案局（馆）的大力支持与帮助。左少和副局长多次听取汇报，提出宝贵意见；莫业斌、李林峻、陈继齐同志提供档案资料，并参加调研走访，修改书稿；罗海山同志提出很好的修改意见。在此，表示衷心感谢！

同时，除了陈垂斌烈士的情况委托乐东黎族自治县档案馆帮忙查找外，我自行走访了11位人物的家乡，瞻仰故居，参观遗址，与亲属和乡亲们交谈或通了电话，得到大家的理解和支持。在此，特别感谢叶文龙烈士的侄子叶世权（时90岁）、游济烈士的侄子游久家（时83岁）、曹石泉烈士的侄子曹盛坤（时80岁）、郭钦光烈士的曾孙郭仁欢、王海萍烈士的侄媳妇、徐成章烈士的亲戚，以及相关的镇、村干部和乡亲们。

此外，对热心帮助我的亲朋好友覃俊、谢才雄、王宏兴、许宏鸾、王海安、王琼、王正春、王粤、韩文畴、王中坚、陈小明、姜海花等，一并致以谢意！

需要说明的是，编写本书的初心，是把历史档案装进读者的口袋里，便于携带阅读，利于传承历史文化，希望读者喜欢。由于水平有限，书中错漏难免，敬请读者批评指正。

王林兴

2024 年 8 月 20 日